노을이 있던 자리

정선희 수필집

교음사

책을 내며

어느새 등단한 지 여섯 해가 지났다. 작품을 묶고 보니 고향과 어린 시절, 그리고 육친에 대한 이야기가 많다. 수필의 특성상 생활 속 체험을 따라가다 보니 신변잡기에 머무른 것 같아서 조금은 아쉽기도 하다. 그동안 틈틈이 지면에 발표한 작품도 있고 새롭게 선보이는 글도 있다.

'고향'은 나를 성장하게 한 원천이었고 내 글의 뿌리였다. 아무리 퍼 올려도 금세 고이는 깊디깊은 우물이었다. 집을 떠난 지 수십 년이 흘렀지만, 내 마음은 언제나 고향 산천을 떠돌고 있었다. AI가 지배하는 21세기 최첨단의 시대에 살면서도 마음은 여전히 별이 빛나는 밤하늘을 그리워하며 살았던 것이다.

어린 시절에 나는 미루나무 끝에 걸린 붉은 노을을 바라보면서 밭에 나간 부모님을 기다렸다. 노을이 지는 것을 보노라면 공연히 서럽고 눈물 났다. 그때는 이 세상 어디에서나 저렇게 아름다운 노을을 마음껏 볼 수 있을 줄 알았다.

수필집을 갈무리하는 동안 어머니마저 천상으로 이사를 가셨다. '한 세대가 가면 또 한 세대가 오지만 땅은 영원하다.'는 성서의 말씀은 만고불변의 진리이다. 생명 있는 모든 것들은 사라진다. 우리에게 가장 확실한 것은 모두 소멸한다는 사실이다. 그래도 작가는 글을 써야 한다. 조금 더 오래 기억하기 위하여, 망각을 되살리기 위해서 계속 써 내려갈 것이다. 서툴고 못난 글에 부끄러움을 담아서 윗목에 조심스럽게 밀어 놓는다.

이 책이 나오기까지 문예진흥기금에 애써주신 이민호 선생님께 감사드리고 출판에 수고하신 교음사 강병욱 대표님과 류진 편집장님의 노고에 감사드린다. 부족한 글을 깊이 들여다보시고 격려해 주신 오경자 선생님께 감사드리고 멋진 표지 그림을 선뜻 그려준 화가 박희순 친구에게도 고맙다는 말을 전하고 싶다. 나의 문학의 길을 지지하고 응원해 주는 가족, 교우들과 그리고 내 인생에 빛이 되어준 스승들께 감사드린다.

2024년 푸른 유월

정선희

차례

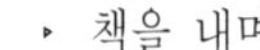

2. 아버지의 겨울

3. 정지미의 측백나무

4. 담쟁이처럼

5. 마지막 사진

1

오늘 잡은 소

그래프와 풍경화

오래 묵은 인터넷 카페에서 초등학교 4학년 때 담임 선생님의 사진 한 장을 발견했다. 담임 선생님은 별명이 '돼지 장수'였다. 사시사철 비가 오나 눈이 오나 자전거를 타고 출퇴근을 하셨는데 바짓가랑이를 양말 속에 집어넣고 다녔기 때문에 얻은 별명이었다. 늘 열정적으로 수업을 하셨는데 그럴 때면 입 가장자리에 버캐가 허옇게 끼어서 '게거품'이란 별명도 하나 더 얻었다. 선생님은 우리가 친구들과 싸워도 벌을 세우거나 매를 대지 않으시고 점잖게 타이르셨고 월말고사 점수가 나빠도 야단을 치지 않으셨다.

어느 늦가을 아침, 조회 시간이었다. 교무회의에 참석하고 오신 선생님은 여느 때와 다르게 웃음기가 사라진 침울한 표정으로 '육성회비'라는 네 글자를 칠판에 적으셨다. 그리고 육성회비가 밀린 아이들의 이름을 한 명씩 호명하여 교탁 앞에 세웠다. 교무실에서 일장 훈시를 듣고 오신 모양이었다. 여남은 명의 악동들이 머리를 숙인 채 선생님의 명령을 기다리고 있었다. 선생님께서는 힘없는 목소리로 “애들아, 미안한데 집에 가서 육성회비를 가지고 와야겠다.” 하시더니 뒤돌아서서 한참을 서 계셨다. 물론 그 속에는 나도 끼어 있었다. 한창 가을걷이에 여념이 없던 어머니가 구멍 뚫린 머릿수건을 벗어 던지며 달려오셨다. 이제비로소, 사태의 심각성을 깨달았는지 이웃집으로 달려가 왕대 판 돈을 빌려오는 바람에 나는 다시 학교로 돌아올 수 있었다.

나는 흙먼지가 펄펄 이는 신작로를 걸어오는 내내 어떤 방법으로 선생님을 골탕 먹일 수 있을까, 하고 고심했다. 학교에 거의 다 도착할 무렵 기발한 아이디어가 떠올랐다. 그래서 학교 앞 문방구에 들어가 육성회비 육백 원을 죄 다 일원 짜리 동전으로 바꾸었다. 유난히 얼굴이 하얀 문방구 주인 남 씨 아저씨는 나의 행동이 의아했는지 “이걸 다 일 원짜리로 바꾸어 달라는 말이냐?” 하고 미심쩍은 눈초리로 고개를 갸웃거리며 재차 물었다. 나의 결심은 확고부동했다. 짤랑거리는 동전 뭉치를 들고 나는 노크도 없이 교무실 문을 벌컥 열고 선생님의 책상을 찾았다. 무언가 바쁘게 잡무를 보던 선생님은 돈 꾸러미를 들고 파리해진 얼굴로 자초지종을 물었으나, 나는 입을 꼭 다문 채 교실로 돌아왔다.

이튿날 학교에 가서 환경미화 게시판을 보니 한눈에 볼 수 있도록 붉게 올라가던 육성회비 그래프가 사라지고 없었다. 그 자리에는 지난주 미술 시간에 친구들이 그린 풍경화 몇 점이 붙어 있었다. 끝도 없이 펼쳐진 미루나무 숲의 정경이었다. 나와 눈이 마주칠 때마다 선생님은 살짝 미소를 지으셨고, 나는 제 발 저린 도둑처럼 고개를 숙이며 그 자리를 급하게 떴다.

아버지께서 살아계실 때, 이 이야기를 했더니 "재우는 무장리에 살고 나랑 소학교 동기여, 공부도 잘하고 맘씨가 비단이었지." 라고 말씀하셨다. 여러 가지 병으로 시난고난 앓던 아버지도 떠나시고 나니 사랑으로 제자들을 보살펴 주시던 한재우 선생님의 소식이 더욱 궁금하다.

몇 년 전 인천에 갔다가 동기로부터 고향에 살고 계신다는 말을 들었다. 속이 깊고 인간적이셨던 선생님은 진정 이 시대에 사표(師表)가 될 만한 어른이시다. 어디에 계시든지 평안하시길 빈다. 그리고 철없던 이 제자의 용렬함을 용서해 주시기를 빈다. 아, 나도 이제 철이 드는가 보다. 흑백의 시절이 이렇게 간절하게 그리운 것을 보니 말이다.

봄봄

육교를 지나다가 봄나물을 파는 할머니를 만났다. 냉이와 달래 그리고 맑은 쑥이 바구니에 소담스럽게 담겨 있었다. 설레는 마음에 가격도 묻지 않고 얼른 싸 달라고 재촉했다. 들어오다 보니 아파트 정원의 목련나무에 봄바람이 아느작아느작 가지를 흔들고 있었다.

봄나물 중에서도 그 특유의 향기와 알싸한 맛이 일품인 달래는 임금님의 수라상에 먼저 바친 귀한 봄나물이었다고 한다. 지금이야 비닐하우스에서 재배되어 사시사철 맛을 볼 수 있지만, 제철에 노지에서 자란 달래의 향은 잊을 수 없는 향수를 자아낸다.

내가 어릴 때는 봄이 꽉 차야만 달래의 맛을 볼 수 있었다. 학교에서 돌아오면 친구들과 들과 밭으로 호미 한 자루 들고 나가면 냉이든 달래든 저녁 찬거리를 쉽게 장만할 수 있었다. 그 당시는 요즘처럼 비료가 다양하지도 않고 비싸서 씨앗을 파종하기 전에 밭에 분뇨를 뿌렸다. 어느 집이나 초봄이 오면 어른들은 거름통을 메고 아슬아슬 묘기를 부리듯 출렁거리며 마당을 지나갔다.

어머니는 대바구니를 끼고 집을 나서는 나를 향해 텃밭에는 똥거름을 뿌려서 안 된다며 고함을 지르기도 하셨다. 겨우내 먹은 김치에서 군내가 나는 삼월이면 묵은 김치 대신 햇나물이 그리울 만도 하였다. 유난히 입이 짧은 어머니는 달래장을 좋아하셨는데 김을 가루로 내어 그 위에 얹고 들기름을 한두 방울 흘려서 먹는 것을 즐기셨다. 둘째 고모가 미군 부대에서 흘러나오는 식료품들을 파는 미제 장사를 해서 몇 달에 한 번씩 노란 버터를 갖다 주셨다. 비위가 좋은 아버지는 달래장에 버터를 한 숟가락 비벼서 단숨에 밥 한 그릇을 비우기도 하셨다. 우리는 그 당시 버터를 '빠다'로 불렀다.

봄이 무르익으면 달래는 밭둑이나 뒤란 장독대까지 바글바글 들끓었다. 어머니의 눈에 잘 띄라고 부뚜막 옹솥 옆에 캐다 놓은 달래는 하루가 달리 시들어 무명실처럼 가늘어지고 있었다. 그런 저녁이면 수희네 대밭에서 자라던 반디나물이 떠올랐고 '내일은 한 번 꼭 가봐야지' 하고 다짐하며 잠자리에 들기도 하였다.

진달래가 꽃 피울 날을 고대하며 입술을 앙다물고 있을 때쯤이면 뒷산 무덤가에서 배동 오른 삘기를 따서 먹었다. 연한 삘기는 입안에 넣자마자 사르르 녹아들고 달착지근한 물이 배어 나왔다. 껌이 귀한 시절에 삘기는 한참 동안 입을 즐겁게 해주는 추잉껌이 되기도 하였다.

말갛게 흐르는 도랑물을 지나 흰 목을 젖혀가며 나물 캐던 친구들의 얼굴이 발갛게 익어가던 봄날, 우리 마을에 웃지 못할 진풍경이 벌어졌다. 그날은 윤 서방네 큰아들이 장가를 가는 날이었는데 두 명의 신부가 등장했던 이야기는 세월이 가도 퇴색되지 않고 나의 뇌리 속에 비극으로 남아 있다. 본처가 될 여자는 아침 일찍 택시를 대절하여 왔고 두 번째 여자는 저녁에 난데없이 유령처럼 나타나서 대삿집을 아수라장으로 만들었다. 동네 사람들은 집안에 망조가 들 일이라며 혀를 찼고 나중에 온 여자가 결국 비련의 여주인공이 되어 쫓겨나가는 것으로 일의 매듭이 지어졌다. 어머니가 마실 온 윗집 아주머니와 소곤대는 후일담을 엿들으며 사랑이 꼭 행복한 일만은 아니라는 생각이 들었다. '나는 커서 절대로 결혼 같은 것은 하지 않으리라' 하고 다짐했던 것도 같다.

그 봄에 일어난 또 하나의 큰 사건은 도회지에서 이사 온 일곱 살 난 유미의 익사 사고였다. 아룽구지 실개천에서 버들강아지를 꺾다가 물속에 휩쓸려간 아이의 머루알 같은 눈망울은 어제 본 듯 또렷하다. 그 아이의 엄마가 낮술에 취한 듯 비틀대면서 이제 막 갈아놓은 논을 가로질러 엎어지고 넘어지면서 달려오던 모습은 오래도록 슬픔의 풍경으로 남아 있다.

청대나무 밑에서 자란 반디나물은 까치의 목덜미처럼 윤기가 흘러서 아낙들의 사랑을 듬뿍 받았다. 누구든 먼저 보는 사람이 임자였다. 지난겨울 베어낸 그루터기는 대꼬챙이가 되어 뾰족하게 솟아 있거나 뭉툭하여 자국 걸음을 떼어놓지 않으면 걸려 넘어지거나 낭패를 당하기가 십상이었다.

대나무 숲은 다 자란 사내아이처럼 웅웅 소리를 내며 울었다. 대나무 꼭대기를 올려다보면 연초록의 댓잎들이 한데 서로 머리를 묶고 있는 듯 울창하였다. 대숲에 들어가려면 먼저 장화를 신고 완전무장을 해야만 했다. 예전부터 대나무 숲은 구렁이가 많기로 소문이 나 있어서 담력이 세야만 갈 수 있었지만, 그런 것은 그리 중요하지 않았다. 보리저녁이 되기 전에 한 바구니의 반디나물을 들고 가서 어머니를 기쁘게 해 줄 수 있다면 더 바랄 것이 없었다. 저녁 두레밥상에는 고추장과 들기름으로 칼칼하게 무친 반디나물이 올랐다. 향긋한 봄이 밥상에서부터 시작되었다. 그런 날이면 칭찬에 인색한 아버지로부터 "고것 참 맛이 좋구나"하는 과찬의 말씀을 듣기도 하였다.

요즘도 봄이 오면 반디나물을 사서 요리조리 무쳐보지만, 더 이상 그 시절의 맛을 찾을 수 없다. 시중에 나오는 반디나물은 미나리처럼 길고 튼실하게 재배하여 도무지 그 독특한 향이 나지 않는다. 다른 식구들은 손도 대지 않아서 시척지근하게 냉장고의 한 귀퉁이를 차지하다가 결국 음식물 수거통으로 들어가고 만다. 이제 봄이 와도 달래나 반디나물을 반겨줄 부모님이 내 곁에 없다. 겨울이 지나면 봄이 오는데 한 번 떠나간 사람은 다시 돌아오지 않는다. 이 평범한 섭리를 깨닫기까지 참 오랜 시간이 걸렸다. 바야흐로 봄, 봄이 왔다.

비 시(非 詩)에 얽힌 이야기

석사학위 과정에서 지역문학을 연구하였다. 지역에서 활동했던 이름 없는 문인들을 한 사람씩 찾아내고 그들의 작품과 삶을 복원시키는 작업이었다. 실증주의에 입각하여 실행되는 분야이기 때문에 몸과 마음이 퍽 고된 연구 분야였다. 발로 뛰어서 자료를 찾고 꼼꼼하게 분석하여 연구를 해도 실적이 눈에 띄게 드러나지 않는다. 선행 연구가 전무하거나 미흡하기 때문에 신문의 토막 기사 하나에도 마음을 걸고 달려드는 형국이다. 그러다가 만나게 된 시인이 경남 고성의 시조시인 선정주와 서벌 시인이다. 두 분 다 한국 시조 문단에서 중요한 시인임에도 불구하고 문학을 전공한 내가 이름도 들어보지 못했으니 참 딱한 노릇이 아닐 수 없었다.

어린 시절로 거슬러 올라가며 자료 조사를 하다 보니 둘 다 문학청년 시절부터 각별하게 지낸 사이였다. 1965년 『영번지』라는 문예지도 만들고 동인지 활동을 하면서 습작의 시기를 함께 보낸 문학인들이었다. 선정주의 첫 시집 『겨울 청산도』에 발문까지 써 주고 그의 시세계에 대해 아낌없는 칭찬을 거듭했던 서벌은 술을 무척 좋아하는 사람이었다. 술만 들어가면 순하던 성품이 야수처럼 변하여 상대방의 시에 대하여 악평을 쏟아놓기가 일쑤였다고 한다. 기독교 성직자였던 선정주 시인의 시는 성서적 모티프에서 착상한 시가 많은데 그것을 보고 호된 비판을 가한 것이다.

"선 목사, 성경 이야기를 죽 나열해 놓고 그게 시입니까, 당신은 목사도 아니고 시인도 아닙니다." 그 말에 화가 난 선정주는 세상 떠나는 날까지 서벌의 얼굴을 보지 않았다고 한다. 뿐만 아니라, 선정주 시인이 마지막에 낸 시집의 제호가 『非 詩』인 것을 보면, 그가 자신의 시에 대한 혹평을 얼마나 뼛속 깊이 새겼는지 알 수 있다. 개작 여부를 조사하다 보니 그전의 시는 별로 손을 보지 않고 시집으로 엮었으나, 이 시집에 실린 시들은 잡지에 발표하고 난 후 여러 번 손질하여 완성도를 높였음이 드러났다. 그만큼 심혈을 기울여 개작했다는 것을 알 수 있었다.

어느 시인이 인터뷰를 하는 과정에서 시집의 제호에 대해서 묻자, 선정주는 그때의 이야기를 꺼내면서 서운함과 노여움을 감추지 않았다. 그러나 시집 『非 詩』는 고도의 상징과 은유를 지닌 좋은 시로 그가 생전에 낸 여섯 권의 시집 중 가장 후한 점수를 받았다. 그것은 오나라 왕 부차처럼 섶에 누워 자면서 쓰디 쓴 쓸개를 핥는 심정으로 복수를 꿈꾸듯이 고투하며 열심히 시를 고친 결과가 아닌가 싶다. 일찍이 상허 이태준도 "자식처럼, 글도 제게서 난 것은 애정에 눈이 어리기 때문에 잘못되었다는 말을 들으면 불쾌한 것이 사실"이라고 했다. 당대 제일의 문장가로 『문장강화』를 쓴 달인이 이런 말을 하는 것을 보면 타인의 글에 대한 평가가 그리 간단하지 않음을 알 수 있다. 누구나 잘 아는 '절차탁마(切磋琢磨)'라는 고사성어가 있다. 풀이하면, "끊고 갈고 쪼고 갈다."라는 의미이다. 논어의 학이(學而)에서 공자가 자공과 문답하면서 시경의 이 절차탁마를 인용하고 있다. "시에 뼈와 상아 다듬은 듯, 구슬과 돌을 갈고 간 듯"이란 말이다. 이는 시문학에만 국한되는 말이 아닐 것이다. 모름지기 글을 쓰는 사람은 자신의 글에 대하여 철저하고 염결한 비평가의 입장에 서서 객관성을 가지고 평가할 줄 알아야 할 것이다.

얼마 전 다녀온 남원의 '혼불문학관'에서 나는 최명희 소설가의 육필원고와 소설의 장면들을 형상화 시킨 디오라마를 보았다. "글을 쓸 때는 손가락으로 바위를 뚫어 글씨를 새기는 생각으로 '혼불'을 썼다."라는 그의 고백에 존경의 염이 솟구쳤다. 나는 언제나 저런 고백을 할 수 있을 것인가, 가뭄에 콩 나듯 들어오는 원고 청탁에도 백지의 공포를 먼저 느끼며 모골이 송연해지는 것을 피할 수 없으니 정말 큰일이 아닐 수 없다.

설(雪)골

오랜만에 고향에 다녀왔다. 친정집 모퉁이를 돌아서니 눈 속에 파묻힌 외딴집 한 채가 되똑하니 서 있었다. 그 옛날 아버지의 서당 훈장이 살던 오두막은 어느새 사라지고 그 자리엔 예쁘게 올린 아담한 집이 들어섰다. 이제 그곳에는 훈장의 셋째 아들이 부지런히 붓을 놀리며 말년을 보내고 있다.

마을 사람들은 그 골짜기를 '설골'이라고 불렀다. 한 번 눈이 내리면 좀처럼 녹지 않아서 붙여진 이름이었다. 앞산 뒷산 논두렁의 눈이 다 녹아도 설골은 얼룩얼룩 잔설에 덮여 오래도록 눈 속에 서 있었다.

그 설골에 우리집의 서 마지기 다랑논이 있다. 비가 와도 빗물을 모아 놓을 틈도 없이 금세 물이 빠지고 모래와 돌이 많아서 손이 많이 가는 땅이었다. 조상 대대로 물려받은 유서 깊은 땅이라서 팔지 않고 지금까지 부치고 있다. 아버지는 겨울잠에서 깨어난 개구리가 논둑을 뛰어오르는 경칩이 지나면 두엄을 내고 쟁기질을 했다. 이제 곧 농사가 시작된다는 의미였다. 새참으로 막걸리를 나르는 일은 나의 몫이었다. 얼음이 풀리는 논둑은 금방이라도 무너질 듯 힘없이 흐물거렸다.

훈장은 핏기 없는 얼굴로 장죽을 입에 물고 뒷간에 오가기도 하고 한 뼘밖에 안 되는 봄볕을 찾아 뒷짐을 지고 서성댔다. 아버지는 스승의 그림자만 보여도 하던 일을 멈추고 뛰어나와 공손히 인사를 올렸다. 그때처럼 아버지의 정중한 모습을 본 적 없었으니 내게 훈장 어른은 세상에서 가장 높은 사람처럼 범접하기 힘든 대상이었다.

"훈장님이 논이 있나, 밭이 있나, 맨날 글만 읽으니 굶기를 밥 먹듯이 하지 배곯는 설움은 당해보지 않고는 모르는 법, 글쎄 마나님은 배고픈 아이들을 거둬 먹이려고 남의 집에 품팔이를 다니신다네." 부모님의 지나가는 이야기를 귀담아들으며 나는 안타까운 마음으로 훈장네 마당가를 어슬렁거렸다.

살을 에는 골바람과 눈보라를 견뎌내지 못한 초가지붕의 이엉은 바람에 날려 군데군데 사라지고 앙상한 골격만이 무너져 내릴 듯이 위태롭게 서 있었다. 굴뚝에서는 간간이 연기가 피어오르고 그을음에 반질반질 윤기가 흐르는 검은 서까래 사이로 자옥한 수증기가 춤을 추듯 나풀거렸다.

우리 논과 경계를 이루는 가장자리에는 면경 알처럼 맑은 옹달샘이 있었다. 그곳에서 훈장의 마나님은 보리쌀을 씻고 냉이와 달래도 맑게 헹구어 소쿠리에 건져놓곤 했다. 수심이 얕은 옹달샘엔 물방개와 피라미 떼가 동무가 되어 노닐고 지나가던 흰 구름도 목이 마른지 물속에 잠겼다가 흘러가기도 했다.

설이 다가오면 어머니는 정성껏 차린 음식을 대나무 광주리에 이고 설골로 향했다. 살찐 닭다리 하나가 고명으로 얹힌 떡국 한 주발과 입에 들어가자마자 눈처럼 녹아드는 한과도 가지런히 들어 있었다. 내 손에는 훈장님에게 줄 동동주 한 병이 들려졌다. 눈길에 미끄러지기라도 하면 큰 낭패라며 어머니는 몇 번이고 당부를 잊지 않았다.

저 멀리 외딴섬처럼 서 있는 설골은 눈 덮인 동화의 나라처럼 환상적이고 아름다웠다. 어머니는 털신에 야무지게 감발을 치고 그 누구의 발길도 닿지 않은 숫눈을 헤치며 길을 냈다. 사방팔방에서 들이치는 바람이 매섭게 살갗을 파고들었다. 훈장의 집은 햇볕 한 점 들어오지 않는 응달이었다. 손재주가 아무리 뛰어난 목수를 들여 고쳐도 품새가 날 것 같지 않은 퇴락한 오두막은 누대를 걸친 듯 볼품없고 남루했다. 아궁이에 얼굴을 박고 풍구를 돌리던 마나님이 매운 연기에 눈물을 훔치며 우리를 맞았다. 올이 풀린 붉은 스웨터는 구멍이 숭숭 뚫려서 안쓰러움을 자아냈다.

묵향의 내음이 은은하게 밴 안방에서는 아버지의 옛 스승이 은빛 수염을 드리운 채 난을 치고 있었다. 시렁에 달린 말코지엔 흰 두루마기 한 벌이 출타할 날을 기다리며 정갈하게 걸려있었다. 몇 마디의 덕담이 오가고 기름기라고는 찾아볼 수 없는 훈장의 흰 얼굴에는 너그러운 미소가 잔잔히 피어나서 방 안이 순식간에 환해졌다.

넘어질 듯 휘청거리며 집에 돌아오는 길은 그새 내린 폭설 때문에 갑절이나 늦어졌다. 대숲에서는 산 꿩이 외마디 소리를 지르며 솟아오르고 탐스러운 함박눈이 끝도 없이 내리고 있었다. 한참을 걷다가 뒤를 돌아보면 쓰러져 가던 오두막은 눈 속에 갇혀서 크리스마스 카드에 나오는 은빛의 설원으로 변해 있었다.

이태 전 우리 마을에 '퇴필총'이라는 특이한 행사가 있었다. 훈장의 셋째 아들이 평생 써온 서예 작품과 붓 그리고 먹물 통을 묶어서 땅속에 장사 지내는 의식이었다. 퇴필총은 당나라 회소와 수나라 때 지영선사가 평생 쓴 붓을 큰 독에 모았다가 묻은 붓 무덤에서 유래했다고 한다. '왕대 밑에 왕대 나고 잔대 밑에 잔대 난다'는 말도 있는데…. 아버지의 청빈한 삶과 예술혼을 그대로 이어받아 살아온 아들의 삶이 존경의 대상이 되었다. 내핍 속에서도 의기를 잃지 않고 살았던 훈장님이 이 광경을 보았다면 어떤 표정을 지을지 궁금하다.

골목의 풍경

내가 이 골목을 지나다닌 지도 서른 해가 넘었다. 환히 뚫린 대로가 있는데도 지남철이 붙어 있는 듯 나의 발은 어김없이 좁다란 골목으로 들어서고 있다. 우체국은 골목길로 지나가야 시간을 줄일 수 있지만, 자주 가는 병원이나 대형마트는 조금 더 먼 거리다. 그럼에도 불구하고 습관적으로 이 길을 택하고 만다.

골목의 풍경은 사계절만큼이나 변화무쌍하다. 농촌도 산촌도 아니건만 사계절이 이곳에 모두 숨을 쉬고 있다고 해도 과언이 아니다. 어느 날이던가 식전 댓바람부터 볼 일이 있어서 골목길에 들어선 적이 있다. 간밤에 어느 집이 제사를 지냈는지, 철상을 끝낸 제물들이 어지러이 뒹굴고 있었다. 도둑고양이는 모처럼 포식의 기회를 놓칠 수 없다는 듯 송곳눈으로 불청객을 노려보고 있었다. 또 어떤 날은 맨발로 쫓겨 난 계집아이가 처마 밑에

쪼그려 앉아 흐느끼는 모습을 목도하기도 했다. 아이는 얼굴을 가린 채 잠옷 바람이었다. 나는 걸음을 멈추고 면벽 수행하듯 담벼락에 붙어 있었다. 동생과 다투고 뒤란 대밭으로 쫓겨났던 유년의 사진 몇 장이 파노라마처럼 스쳐 지나가는 것을 느꼈다.

낮술에 취한 주정뱅이가 노상 방뇨를 하고 흥금거리는 골목길에 갈치찌개를 파는 '골목집'이 새로 생겼다. 여염집을 개조해서 만든 밥집은 붉은 전광판을 달고 대낮에도 손님을 찾아서 두리번거린다. 하루에 몇 명이나 이 음습한 골목의 밥집을 찾아오는지 엿보고 싶을 만큼 한가롭다. 골목집에서 열 걸음쯤 가면 하동댁이 사는 집이 나온다. 매일 서너 명의 할머니들이 모여 앉아 골목의 풍경을 만든다. 그들은 개진개진한 눈빛으로 연신 고개를 끄덕이며 "하모 하모" 하고 맞장구를 친다. 오늘은 노름에 빠진 앞집 건달 이야기와 결국 요양원으로 실려 간 치매 앓던 강 씨 할머니의 이야기가 한숨 속에 길게 이어졌다.

한 평의 땅도 소유하지 못한 사람들은 고무 양동이에 상추를 심어 여름을 나고 쪽파를 심어 서로 나눈다. 누구 집 대주의 생일이 다가온다든지 또 누구의 집 딸이 시집을 간다든지 어느 집의 숟가락이 몇 개인지를 주르륵 꿰는 이 골목의 터줏대감들이다. 사철 내복을 입고 문 앞에 앉아 볕을 쬐는 방안풍수인 진영댁이 곤때 묻은 신발을 끌고 대문 밖에 나서는 저녁 으스름이다. 아락바락 다투는 모녀의 앙칼진 목소리가 쨍쨍하게 살아 있는 골목길에 서면 먼 추억 속으로 걸어가는 내 뒷모습이 보인다.

내가 저 훤한 길을 외면하고 이 골목길로 접어드는 이유는 무엇일까? 지름길이기도 하지만 복작대며 살아가는 사람들의 모습을 놓치고 싶지 않기 때문이다. 또한, 내 가슴속에 각인된 마음의 풍경을 통해 지나온 인생을 반추하고 싶은 욕구 때문인지도 모른다. 세월의 더께가 덕지덕지 붙은 담장에는 칠십 년대 풍의 깨진 병 조각이 정연하게 꽂혀 있어서 바쁜 걸음을 멈추게 한다. 광고지가 붙은 벽에는 '사글셋방 있음'이라고 쓰인 쪽지가 붙어 있다. 전신주에는 전선이 얼키설키 심란하게 있고 한 마리의 까치가 싱겁게 해 지는 으스름을 짖고 있다.

고장 난 자전거의 색깔은 붉은색이다. 그제도 어제도 변함없이 담배 포 앞의 그 자리에 서 있다. 이따금 노랑머리 오토바이가 달리다 서기를 반복하는 골목이다. 해가 떨어지자 자장면과 통닭 냄새가 구미를 자극하고 입이 걸진 전주댁이 그 특유의 익살스러운 눈빛으로 "맨 날 처먹다가 볼 일 다 본당께 그라니 똥구멍이 찢어지게 가난한겨." 하고 입바른 소리를 한다.

대추와 호박이 열리는 골목에도 가을이 왔다. 옥상에는 어떻게 올라갔는지 닭의장풀이 잉크색 입술을 벌려 종종거린다. 금간 벽 사이로 어린 손자와 씨름하는 허리 굽은 노파의 노동이 눈물겹고 무화과나무는 슬며시 옆집 울타리를 넘는다. 건들바람이 설렁설렁 골목을 비집고 들어온다. 이제 골목길도 바빠질 것이다. 고단한 하루를 마치고 돌아오는 사람들이 또각또각 구두 소리를 내며 이 길을 지날 것이다. 빨간 십자가가 파수꾼처럼 걸려있는 골목을 사람들은 콧노래를 부르고 휘파람을 불며 지나갈 것이다. 어둠이 조곤조곤 속살거리는 골목에 밤이 오고 있다.

관상

읍내 시장통의 어물전을 지나자 '희망 전당포'라는 입간판이 보였다. 전당포 이름치고는 꽤나 밝고 역동적이었다. 쇠문을 열자, 이층으로 난 나무 계단이 가파른 산길처럼 험했다. 나는 문제가 없지만, 거동이 불편한 아버지를 부축하고 그 좁은 계단을 오르는 일이 쉬운 일은 아니었다. '요즘 세상에 전당포가 뭐람' 나는 붉어지는 표정을 애써 숨기고 전당포 안의 두 노인에게 인사를 했다.

팔순은 돼 보이는 두 노인이 한담을 나누고 있었다. 양복을 말쑥하게 차려입은 노인이 전당포의 주인이라는 것을 직감적으로 느꼈다. 그는 아버지에게 들은 관상 그대로였다. 귀가 얇은 아버지는 몇 년 전 부동산업자에게 평생 모은 돈을 다 잃고 그 후유증으로 병마를 얻어 치료 중이다. 이번에는 은행에서 대출까지 내서 전당포에 빌려주고 어음 한 장 달랑 끊어온 것이다. 어느 날 아버지는 우리 형제들이 모인 자리에서 전당포 주인을 가리켜 "그 양반 관상을 보면 눈동자가 작고 빛이 나, 귀와 귓불이 두툼해서 재복이 여간 많은 게 아녀, 게다가 명이 길어서 장수할 팔자여, 돈 떼먹고 도망갈 그럴 사람이 아니다 이 말이여, 재산도 수십억이여, 아파트만 해도 몇 채인지 아나, 너희들은 아무 염려들 말아라." 하고 큰소리를 쳤다.

아버지는 사주 명리학에 관심이 많았다. 낯선 사람과 잠시 마주할 기회가 생기면 관상과 사주를 봐주며 그 사람의 앞날을 예측하기도 했다. 나는 겉으로 표현은 안 했지만, 아버지의 그 말도 안 되는 운명 철학을 비웃고 있었다. '지금 전 세계적으로 4차 산업혁명이 화두인데, 그런 케케묵은 역술을 쫓아서 시대착오적인 삶을 살다니' 하고 냉담하게 반응했다. 인간의 운명이 태어날 때 이미 정해져 있다는 숙명론도 받아들이기 어려웠다.

언젠가 『백범일지』를 읽다가 김구 선생이 관상학에 대해 쓴 글을 본 적이 있다. '상호불여신호 신호불여심호(相好不如身好 身好不如心好)' 풀이를 하면, 얼굴의 좋음이 몸의 좋음만 못하고, 몸의 좋음이 마음의 좋음만 못하다는 글이었다. 나는 그 글을 보며 관상보다는 심상이 우위에 있다는 것이 통쾌했다. 꼭 그래야만 될 것 같았다. 마음씨가 좋은 것이 잘생긴 얼굴이나 튼튼한 신체보다 낫다는 말은 예쁜 구석이라곤 찾아볼 수 없는 내게 큰 위로가 되었다. 전당포 주인은 어색하게 서 있는 내게 앉으라며 소파를 가리켰다. 오늘 여기까지 오는 동안 '자라를 보고 놀란 가슴 솥뚜껑 보고 놀란다'고 또 궂은일을 당할까 봐, 긴장하며 잠 못 이루는 날이 많았다.

편견인지 몰라도 '전당포' 하면 부정적인 이미지가 먼저 떠오른다. 물건을 담보로 잡아서 금전을 빌려주는 곳이지만, 불법이 성행하는 곳이기 때문이다. 전당포 주인을 보자, 세익스피어의 희극 「베니스의 상인」에 나오는 매정한 유태인 샤일록이 생각났다. 살 1파운드를 담보로 돈을 빌려준 고리대금업자인 그는 인정사정 안 봐주는 철면피로 묘사되어 있다. 나의 예상대로 전당포 주인은 돈을 줄 생각은 하지 않고 아버지의 얼굴을 찬찬히 살피며 그동안 몸이 많이 축이 났다는 둥, 이제는 돈 생각을 하지 말고 좋은 것만 먹고 몸을 챙기라는 둥 사설만 늘어놓았다. 아버지는 아버지대로 옛 정리 때문인지 돈 얘기를 꺼내기가 어색했는지 "아무렴요. 고맙습니다." 하면서 연신 고개를 주억거리며 맞장구를 치고 있었다.

"내 나이가 지금 몇 살인지 아나? 시방 여든아홉이여." 그래도 이렇게 정정한 것 봐, 하더니 부리나케 어디론가 전화를 걸었다. 가만히 들어보니 한약건재상 주인과 통화를 하는 것 같았다. 사무실이 쩌렁쩌렁 울리도록 한약재의 이름을 부르는데, 하늘이 내렸다는 명의 화타와 편작이 울고 갈 형국이다. 숙지황 40그램, 산수유, 백하수오, 건삼은 잘게 조각을 내어서 보내 달라는 말도 잊지 않았다. 수십 년 동안 자신이 보약으로 지어 먹고 원기를 회복한 약재라는 설명도 덧붙였다. 부자는 적은 돈도 허투루 쓰지 않는다는 말을 들었는데, 조금도 틀리지 않았다. 한의원의 탕약이 비싸다고 건재상에서 싼값으로 약재를 구해 달여 먹고 있는 듯했다. 나는 속으로 '참 짠돌이 영감이구나, 약속한 대로 오늘 차질 없이 돈을 받을 수 있을까?' 하는 의구심이 생겨서 좌불안석이었다. 전당포 주인은 거동이 불편한 아버지가 혼자서 차 한 잔 마시러 오는 일도 쉽지 않을 거라면서 손수 만들었다는 대추차를 한 잔 내놓았다. 그리고 책상 서랍에서 기다리고 기다렸던 수표 한 장을 꺼내주며, 나의 초조함을 깨끗이 불식시켰다. 평소 '직업에는 귀천이 없다'고 생각하며 살았는데 나의 심층 속에는 여전히 편견이 존재하고 있었구나 하는 생각이 들자 몹시 부끄러워졌다.

오 개월을 앞당겨서 우리의 편의를 봐준 전당포 주인은 아버지의 관상대로 믿을 만했다. 거기다가 후덕한 성품으로 아버지의 몸을 걱정하며 보약까지 지어준 것을 볼 때, 돈만 아는 냉혈한은 아니구나 싶어서 마음까지 훈훈해졌다. 전당포의 나무 계단을 다 내려와서 아버지의 얼굴을 보니 십 년 묵은 체증이 가라앉은 듯 편안해 보였다. "봐라, 전당포 사장, 사기꾼 아니지?" 의기양양해진 아버지가 만면에 웃음을 띤 채 물으셨다. '아버지, 저번 그 부동산업자의 관상은 어땠어요?' 하고 묻고 싶었지만, 아버지의 얼굴이 하도 환해서 그만 그 말이 목구멍으로 쏙 들어가고 말았다.

가족사진

지은 지 십오 년째 된 고향집의 도배 장판을 새로 교체하는 날이다. 내 몸이 두 개라면 얼마나 좋을까? 하고 몇 번을 생각했다. 하루 전부터 짐을 싸고 준비를 했지만, 막상 일꾼들이 들이닥치자 미흡한 구석이 여실하게 드러난다. 아침부터 쏟아지는 장대비에 아버지의 80년 세월이 젖고 있다. 육중한 생의 비애처럼 검정 양장본으로 잘 만든 저 한자투성이의 족보를 그 누가 한 번쯤이나 들춰볼 것인가, 농한기가 돌아오면 청주와 경상도 진주까지 족보를 만들러 출타하던 아버지의 역사가 생의 뒤안길로 사라져가고 있다.

공부가 하고 싶어서 사셨다는 한국사 사전, 한국어 사전 등의 백과사전이 고운 때에 묻어 이 구석 저 구석으로 몰리고 천대를 받는다. 내게 귀한 것이 다른 사람들에겐 의미가 없다는 것을 알기까지는 그리 많은 시간이 걸리지 않는다. 자식들 입장에서야 부모가 좀 더 깨끗한 환경에서 여생을 보냈으면 싶겠지만. 연세 든 부모의 입장에선 해도 그만 안 해도 그만인 성가신 일에 불과한지도 모른다.

여동생의 닦달에 못 이겨서 차일피일 미루던 일을 시작하고 보니 날궂이 하듯 비바람이 심술을 부린다. 방마다 들이찬 세간을 요리조리 옮겨가며 해야 하는 일이기에 지레 겁을 집어먹고 이렇게 늦어진 것이다. 삼복더위 피하고 보니 서리 내리는 늦가을이 되었다. 삽상하던 날씨마저 서늘해져 여기저기서 찬바람이 숭숭 불어온다. 거실 소파에 앉아 계신 아버지는 엉거주춤 반쯤 엉덩이를 걸쳤다가 들었다가 야단이 났다. 온종일 눕지도 못하고 벽지를 뜯어내던 일꾼들의 일정한 손놀림을 바라보는 일도 어지간히 진력이 나는 듯 권태로운 표정이다.

거실에 걸렸던 편액이 떼어지고 방 안에 걸렸던 회갑과 칠순 잔치 사진이 떨어지고 말코지에 걸린 가방이 떨어졌다. 옷장과 서랍을 들출 때마다 굴왕신 같은 살림살이가 낱낱이 드러났다. 혹 쓸데가 있을까 싶어서 이리저리 옮겨놓고 버리지 못해서 모아 놓은 수십 년이 넘은 오래 묵은 살림살이다. 나 역시도 사는 데 불편하지 않으면 된다는 생각으로 제 구멍치기인 집안일에 그리 신경을 쓰지 않고 사는 편이다. 하지만 농사일에 치여서 살림을 제대로 하지 못하고 바쁘게 살아가는 엄마의 살림살이는 딸들에게 적잖은 수고를 요구한다. 부엌살림을 다 꺼내고 큰 방을 정리하다 보니 앨범 두 권이 나온다. 남는 것은 사진밖에 없다고 말들 하더니 정말 사진만 남는 것 같다. 우리 형제들의 결혼사진과 손자 손녀들의 천진난만한 모습, 부모님이 젊었을 때 함께 다녀온 제주도 여행 사진들도 몇 장 보인다.

서랍장을 열고 입지 않는 옷을 정리하고 편하게 입을 수 있는 옷을 고르고 보니 체육복과 내의 등 헐렁한 고무줄로 된 옷들만 남았다. 아직 물색이 날아가지 않아서 새 옷 같은 양복과 점퍼 등 외출복이 한 무더기다. 대소변을 혼자 처리하기가 어려운 아버지에게 이런 옷들은 그저 거추장스러운 짐에 불과한 것이다. 갈색의 두루마기는 차마 버리지 못하고 다시 장롱 깊숙이 넣어 놓는다. 아버지는 저 두루마기를 다시 입고 "유세차 모월 모시" 하며 낭랑한 목소리로 축문을 올릴 수 있을까, 젖은 마음을 누르고 묵묵히 마무리를 하고 있는데 아버지께서 한 말씀 하신다. "아~ 좋다 깨끗하구먼, 우리도 가족사진 한 장 찍었으면 좋겠다." 깨끗한 벽에 가족사진을 걸어두고 싶으셨던 모양이다. "그래요, 아버지 식구들 다 모이면 사진 한 장 찍어요." 그렇게 말했지만, 아버지는 그 후 가족사진 한 장을 남기지 못한 채 지상의 무거운 짐을 훌훌 벗으시고 길고 긴 잠에 드셨다.

동백꽃 단상

간만에 뒷산에 오르다가 무더기로 피어 있는 동백꽃을 보았다. 가을 끝자락이자 겨울 초입답게 을씨년스러운 날씨다. 오가는 사람마다 두꺼운 점퍼를 입고, 목을 칭칭 동여매고 눈만 빼꼼 내밀고 종종거리며 걷는다. 고엽은 떨어져 쌓여 발걸음을 뗄 적마다 경쾌한 화음으로 간지럽게 바스락댄다. 푸르다 못해서 검푸른 동백나무 잎의 윤기는 기름을 먹인 듯이 반질반질하고 매끈하다. 잎의 끝자리는 톱니처럼 생겨서 손을 베일 듯 날카롭지만, 그 잎을 손끝으로 살살 매만져보는 일이 즐겁다.

대나무 소나무와 더불어 세한삼우(歲寒三友)로 불리는 동백꽃의 계절이 온 것이다. 세찬 눈보라 속에서도 지조와 절개를 지키며 살고 싶었던, 옛사람들의 기상을 보여주는 동백꽃을 보니 곱사등처럼 움츠렸던 몸에 힘이 솟는다. 봄과 여름, 만산홍엽의 가을을 다 보내고 드디어 꽃을 환하게 피워내는 동백은 그래서 기다림의 꽃이요. 애타는 사랑의 꽃이다.

동동주를 잘 담갔던 엄마는 흥이 많았다. 술이 익었는지 맛보느라고 술방구리의 뚜껑을 열고 한 국자씩 떠먹다가 그만 술에 취했던 것이다. 엄마는 이미자의 「동백 아가씨」를 구성지게 잘 불렀다. "헤일 수 없이 수많은 밤을~ 그리움에 지쳐서 울다 지쳐서 꽃잎은 빨갛게 멍이 들었소." 하고 엄마가 「동백 아가씨」를 부르는 날은 우리집에 술이 익어가는 날이었다. 그 당시엔 밀주를 담그면 잡혀간다는 소문이 마을에 돌았지만, 사람들은 아무 일도 없다는 듯 누룩을 만들어서 마루 위 천장에 조롱조롱 매달았다. 술맛을 모르는 나는 술이 익는지 너무 익어서 식초가 되는지 관심 밖이었고 먹빛 같은 시루에서 갓 쪄낸 술밥을 먹을 수 있는 날이 그저 행복했다.

기름이 촐촐 흐르는 이팝꽃처럼 생긴 고두밥의 맛을 어디에 비유할 수 있을까. 엄마는 김이 나는 술밥을 펴서 손으로 한 번 꾹 눌렀다가 건네주었다. 받아서 보면 다섯 손가락 모양이 그대로 붕어빵처럼 찍혀 있었다. 술밥의 맛은 아주 독특했다. 입에 착착 감겨서 두어 번 씹노라면 금세 목구멍에서 누군가 잡아당기듯 급하게 미끄러져 나갔다. 술을 담근 지 몇 날이 지나면 온 집 안 구석구석에 술 익는 냄새가 진동하였다. 그 냄새를 맡고 달려온 백구는 혀를 길게 빼물고 펄쩍펄쩍 뛰어오르곤 했다. 부억에도 안방에도 골방에도 홍시 맛의 술내가 은밀하게 스며들어서 대사 집에 온 듯 술렁거렸다.

뭇 시인들의 가슴에 불을 붙인 꽃 중의 꽃, 동백꽃은 보배로운 꽃이다. 노란색 꽃밥의 자리에서 돋아나는 갈색의 단단한 씨앗마저도 여인네들의 머릿기름으로 사랑을 받았다. 서너 달에 한 번씩은 찾아오던 방물장수에게 박가분이나 얼레빗, 동백기름 등의 생활필수품을 사던 할머니의 머리카락은 은빛이었다. 연한 노란색의 동백기름으로 머리를 정갈하게 다듬던 할머니는 붉은색의 꽃 자수가 새겨진 염낭을 차고 있었다. 주머니는 방 안을 왔다 갔다 할 때마다 시계추처럼 흔들거렸다. 얇은 속곳 사이로 삐죽이 보이던 돈주머니는 용돈이라고는 구경을 못 하는 우리에게는 참으로 단내 나는 유혹이었다. 곱슬머리를 가진 사람은 사납다고들 말을 했지만, 앞머리가 유난스레 곱슬거리던 할머니는 사납지도 억척스럽지도 않았다. 다만 판단력이 조금 흐리고 우유부단한 점을 두고 고된 시집살이를 했던 엄마는 미련함이 한 뚝배기 쪘다고 혼잣말로 중얼거리기도 했다.

평생 이름을 가지지 못한 할머니의 성은 유 씨였다. 돌아가시고 난 후에야 이름이 없고 성만 있는 주민등록증도 있다는 것을 처음 알았다. 할머니는 갓난이라는 이름으로 불리다가 열여섯 살에 시집을 와서 육 남매를 낳았다고 한다. 청상과부로 늙은 할머니의 삶은 어린 내가 봐도 신산하여 눈물겨웠다.

"할머니 이게 뭐야?" "동백기름이지 우리 선희 시집갈 때 머리엔 동백기름을 바르고 입술에는 루주를 칠하고 연지곤지 찍고 족두리도 쓰지. 내가 그때까지 살려나 모르겠네." 하고 머리를 쓰다듬어 주셨다. 그때만 해도 나는 동백꽃이 무엇인지 본 적이 없으니 집 주변에 흔하게 서 있는 전나무나 배롱나무쯤으로 여겼다.

머리에 동백기름을 한 가닥씩 바르고 정성껏 빗어 내리던 할머니의 얼굴은 그다지 곱지는 않았지만 희고 통통했다. 몇 년만 더 살아계셨더라면 족두리 대신 희고 고운 웨딩드레스를 입은 나의 모습을 보았을 텐데, 그저 아쉬울 뿐이다.

인고의 세월을 견뎌온 할머니는 내가 대학 일학년 때, 윗목에 놓아둔 자리끼가 꽝꽝 얼던 날, 한 많은 이승의 삶을 하직하였다. 장례를 치른 후 유품을 정리할 때 보니 자개장 안에 할머니가 아끼던 동백기름이 반명쯤 남아 있었다.

그러고 보니 동백꽃은 새색시들이 시집갈 때, 입던 녹의홍상과 닮은 것 같다. 초록의 삼회장저고리와 빨간 치마는 결혼식이 끝난 후, 웨딩드레스를 벗고 폐백을 드릴 때 갈아입는 한복이다. 진초록 이파리에 새빨간 꽃잎이 붉게 타오르는 겨울의 꽃 동백은 의연하고 아름다운 모습으로 많은 이들의 마음을 사로잡는다.

요즘이야 사시사철 온실 속에서 자란 화초를 돈만 주면 입맛대로 사고 선물할 수도 있다. 하지만 옛날에는 자연의 섭리대로 그 계절에 피어나는 꽃만을 볼 수 있었다. 빈들에 피어 있는 동백꽃은 얼마나 귀하고도 애틋했던가.

흰 닭 뼈 같은 나목들이 서 있는 겨울 들녘에 황홀하고 은은하게 피어난 동백꽃을 보니 가슴이 소녀처럼 일렁거린다. '아아! 첫눈은 언제 오려나. 하늘에서 백설이라도 내려 준다면….' 저 붉디붉은 가슴에 고이 내려 쌓이는 모습을 보고 싶다.

꼬마 스승

나는 일주일에 한 번씩 책방 나들이를 한다. 요즘이야 인터넷 서점에서 내 마음대로 골라 배달시키면 어디서나 쉽게 받아볼 수 있다. 그럼에도 불구하고 발품을 팔며 서점에 들르는 것은 문을 열고 들어서면 훅 끼쳐오는 신간의 냄새를 맡고 싶기 때문이다.

어떤 시인은 '나를 키운 건 팔 할이 바람'이라고 읊었지만, 나를 나 되게 한 것은 팔 할이 책이 아니었을까? 하고 생각할 때가 있다. 초등학생 시절, 집에 굴러다니던 책이 한 권 있었으니 홍자성이 쓴 『채근담』이라는 고전이었다. 여기저기 생활의 때가 묻어 너덜거리고 책표지마저 떨어져 나가서 목차도 알 수가 없었다. 책을 읽다 보면 촌철살인의 빛나는 경구가 자주 눈에 띄어서 백로지에 빼곡히 적어 외우기도 하였다. '채근담'이란 사람이

나무의 뿌리를 먹을 수 있다면 어떤 일이든 못할 것이 없다는 검소한 삶 속에 깃든 참다운 인생에 대한 책이었다. 처음엔 내용이 난해하여 무슨 소리인지 도통 알 수가 없었다. 그러나 산골의 협촌에서 읽을거리라고는 눈을 씻고 찾아봐도 없었다. 날마다 책 한 권만 붙들고 씨름을 하고 나니 나중엔 뜻이 저절로 눈에 들어왔다.

'안광이 지배를 철함'이란 이런 경우를 두고 하는 말일 것이다. 눈빛이 종이를 뚫을 정도로 집중해서 읽으면 답이 보인다는 양주동 박사의 수필 「면학의 서」는 고등학교 국어 시간에 배웠지만, 그 말의 의미를 어린 시절 그 한 권의 책으로 알게 된 것이다.

「남아수독오거서(男兒須讀五車書)」라는 두보의 시도 있으니, 남자는 모름지기 다섯 수레의 책을 읽어야 한다는 의미이다. 어찌 남자에게만 해당하는 말이겠는가? 모든 사람이 일생 동안 책을 가까이하고 책 속에서 진리를 발견하며 사람답게 사는 길을 찾으라는 의미가 아닐까 싶다. 다섯 수레의 책은 오늘날 일만여 권의 책에 해당되는 양이다. 우리가 읽어야 할 책이 다섯 수레면 충분한 걸까? 지금도 내 책상에는 읽어야 할 책들이 입을 벌려 아우성을 치며 무심한 주인의 손길을 기다리고 있다.

내겐 초등학교부터 고등학교까지 동고동락한 벗이 있었다. 늘 정갈했던 그의 집엔 세계문학전집이 책장 가득 꽂혀 있었다. 세

로줄의 튼튼한 양장본으로 크기는 지금의 백과사전만 했으니, 그걸 빌려 와서 읽는다는 것이 여간 힘든 일이 아니었다. 친구는 책을 빌려줄 때마다 일기 한 편씩을 써 달라고 요구했고 나는 그 명령을 기쁘게 수행했다. 글의 주제는 그날 먹은 주전부리나 우리가 즐기던 고무줄놀이. 목자치기도 곁들여졌다. 나는 백일장 대회에서 시제를 기다리는 어린 생도처럼 '오늘은 어떤 주제일까?' 하고 목을 빼고 기다리는 아이였고 숙제가 끝나면 읽고 싶은 책을 고르는 것이 나의 거룩한 몫이었다.

아랫목에 배를 깔고 누워서 책을 읽다 보면 문살에 저녁노을이 붉게 물들었다. 못다 읽은 책을 앙가슴에 숨기고 뜰 안을 빠져나오는 것이 가장 큰 일이었다. 고양이처럼 살금살금 나오다가 친구 엄마에게 들키는 날에는 불호령이 떨어졌다. "너는 왜 우리 미순이가 봐야 될 책을 빌려 가니?" 쩌렁쩌렁 울타리를 넘는 목소리와 그 눈빛을 마주한다는 사실이 어린 나에겐 여간 곤혹스러운 일이 아니었다.

6펜스의 돈을 버리고 달을 찾아 떠난 화가 고갱의 삶을 그린 서머 셋 모옴의 『달과 6펜스』, 헤세가 '내 영혼의 자서전'이라고 명명한 『지성과 사랑』은 내 젊은 날의 방황과 오뇌를 위무해주는 든든한 정신적 지주였다. 중학교 일학년 때, 생애 최초로 가져본 나만의 책이 있었다. 그 책은 루이제 린저의 『생의 한가운데』라는 소설책이었는데 미술 교사인 담임선생님이 여름방학에 사 보내주신 책이었다.

아버지는 여자가 공부를 많이 하면 팔자가 사납다고 책 읽는 것을 달가워하지 않으셨다. 어느 겨울, 문풍지가 바람에 떨리며 이상한 울음소리를 내던 날이었다. 전깃불 대신 촛불을 켜놓고 몰래 책을 읽다가 까무룩 잠든 사이 화마가 온 방을 휩쓸어 갔다. 오물이라도 묻을까 봐 애지중지하던 그 책도 그때 자취도 없이 사라지고 말았다. 지금이야 책을 쌓아 놓고 보지만, 그때는 아이고 땜을 놓고 통곡할 만큼 애절한 일이었다. 고등학교 졸업 후 한 번도 만나지 못한 친구, 그녀를 만나면 융숭하게 밥 한 그릇 대접하고 싶다. 내 어린 날, 책을 빌려주고 혹독한 글쓰기 훈련을 시켜준 나의 꼬마 스승에게 말이다.

오늘 잡은 소

우리 마을 사거리에서 한바탕 난리가 났다. 소리 소문도 없이 들어선 정육점이 아치형의 무지개 풍선을 걸고 휘황찬란한 이벤트가 벌어졌기 때문이다. 멀리서도 눈에 확 띄는 빨간색 간판에 '오늘 잡은 소'라고 쓰여 있다. 간판이 꽤나 자극적이다. 돼지도 잡은 지 사나흘이 지나야 고기의 맛이 제대로 난다는 소리를 들었는데, 그만큼 신선도가 뛰어난 상품을 팔고 있다는 것을 강조하는 말일 게다. 고기뿐만 아니라 야채와 과일까지 그야말로 없는 것 빼고는 다 있었다. 빵빵 울리는 음향 시스템에서는 뽕짝이 울려 퍼지고, 가락에 맞추어 춤을 추는 댄서는 배꼽이 다 보여도 아랑곳하지 않는다. 정육점이 바로 건너다보이는 호숫가에 진을 치고 앉은 노인들은 이 진풍경에 마음을 빼앗겨 다시 청춘이 온 듯 설렌다.

오전 열 시가 조금 넘으면, 호수 공원에는 무언가 허전한 사람들이 하나둘씩 모여든다. 호수를 바라보고 혼자서 중얼거리는 처녀, 사계절 동안 마스크를 쓰고 다니는 천식을 앓는 노인, 일정한 일이 없어서 어슬렁거리는 중년의 아저씨, 오늘은 중풍을 앓아서 반신불수가 된 노인도 합세를 했다. 어제와 변함없는 오늘 하루를 또 살아내야 하는 생의 권태가 뿌연 안개처럼 드리워져 있다.

우리 아파트 단지 내 상가에는 두 개의 정육점이 있다. 그리고 조금 떨어진 곳에 대형마트가 세 개나 있고, 농협 하나로 마트까지 합하면, 인구수에 비해서 지나치게 많다. 또한, 일주일에 두 번씩 아파트 내에서는 직거래 장터도 열린다. 주민들 입장에서는 싸고 질 좋은 상품을 골라서 구매하는 재미가 쏠쏠하지만, 영세한 상점 주인들은 얼마나 피 말리는 경쟁 속에서 하루하루를 버텨가겠는가? 하고 생각하면 마음이 짠하지 않을 수 없다.

'오늘 잡은 소'의 주인은 작달막한 키에 얼굴은 구릿빛이고, 숱이 진한 범눈썹을 가진 중년의 사내였다. 종업원으로 보이는, 머리를 노란색으로 물들인 총각은 정육점에서 불나게 고기를 썰고 있다. 처음 여는 가게에 구경 온 사람들은 그냥 가지 아니하고 무언가 하나라도 사서 가게 마련이다. 싸라기밥을 얻어먹었는지 반말로 어름어름거리는 주인의 말투가 귀에 거슬렸다. "누나야, 방울토마토 싸다. 노지에서 나온 시금치가 삼천 원이다. 사가라 많이 줄게" 하고 흥정을 한다. 그에게는 나이가 많은 할머니든 중년의 여인이든 다 누나다. 아마 친근하게 다가가려는 나름대로의 상술인 것도 같다. 정육점의 크기가 7평이 될까 말까. 작은 가게 안에는 고기 냉동고 한 대와 냉장 쇼케이스가 놓이니 협소하기 그지없다. 차양을 달아낸 앞쪽에는 채소와 과일 그리고 생선이 산더미처럼 쌓여 있다.

이 가게에는 다른 가게에 없는 특별한 상술이 있다. 그것은 콩나물이나 두부 등 식탁에 자주 오르는 국민 식재료가 아주 싸다는 것이다. 콩나물을 달라고 하면 알아서 필요한 만큼 담아가라고 말한다. "세상에나, 이 치열하고 팍팍한 도시에서 이렇게 인심이 후하고 착한 가게가 있단 말이야." 하고 사람들은 눈이 휘둥그레진다. 콩나물만큼은 실컷 가져다 먹으라는 배려에 알뜰한 주부들의 환심을 샀고, 짧은 시간 안에 많은 고객을 확보했다. 사람들은 이제 굳이 마트까지 가지 않아도 '오늘 잡은 소'에서 모든 것을 해결했다. 할 일이 없는 노인들은 아침저녁으로 친구 집 마실 오듯 드나들다가 흠집 난 사과를 공짜로 받기도 하고, 무청을 얻어가기도 했다.

비수기와 성수기가 따로 없는 '오늘 잡은 소'가 대형마트의 횡포를 멋지게 제압하고 동네 최고의 정육점으로 부상할 즈음, 바로 옆에 붙어 있는 상가인 새마을 금고가 시내의 번화가로 이전을 했다. 그리고 그 자리에는 '싱싱야채가게'가 입점을 했다. 마른하늘에 날벼락이라고 온 힘을 다해 터를 잡아 놨더니, 패기가 넘치는 세 명의 총각들에게 고객을 다 빼앗기게 된 것이다. 새로 생긴 가게는 야채도 과일도 비교할 수 없을 만큼 값도 싸고 양도 많이 주었다. 담 하나를 사이에 두고 피 터지는 경쟁이 시작되었다.

돈을 최고의 신으로 모시고 사는 자본주의가 개인의 자유로운 경제활동을 보장해주고, 인간의 이기심을 통해서 발전해 왔다는 것을 부인할 수는 없다. 애덤 스미스도 그의 저서 『국부론』에서 '우리가 매일 저녁 식사를 할 수 있는 것은 빵집과 고깃집 주인의 자비심이 아니라 돈을 벌려는 이기심 때문'이라고 말했다. 하지만 자본주의가 근본적으로 개인의 이익을 추구하는 제도로서 합리적이라고 할지라도, 옆집에서 팔고 있는 동일한 품목으로 전을 펴는 것은 사람의 도리에 어긋난 것이 아닐까.

임마누엘 칸트는 '창공에는 반짝이는 별이 있듯이 인간의 가슴에는 빛나는 도덕률이 있다.'고 말했다. 우리가 인간다운 삶을 살기 위해서는 손쉬운 법보다 깨끗한 양심을 먼저 지녀야 한다. 예전에는 의식주의 문제가 지금보다 더 힘들어서 삼순구식의 극심한 생활고를 겪었어도 양심이나 도덕이 법보다 더 높은 가치를 지녔다. 경제적으로 풍요로운 시대를 사는 요즘, 우리는 타인의 어려움에는 둔감하고 나의 이익에만 급급하다. 어느 단체에서 조사한 자료를 보니, 이웃의 어려움에 관계없이 나만 잘 살면 된다.'고 응답한 성인들이 점점 늘어나는 추세라고 한다.

늘 싱글벙글해서 골목을 빛냈던 정육점 주인은 벌레 씹은 표정을 하고, 담배만 뻑뻑 피워댔다. 아마 그는 지금 지옥 속을 헤매고 있을 것이다. 스스로 벌여 놓은 굿판을 접는 것도 쉽지 않은 일이라는 것을 나도 잘 안다. 20여 년간 해왔던 일을 접으려고 결정했을 때, 얼마나 많은 날을 밤잠을 설치며 고심을 했는지 모른다. 동종 업종이 바로 코앞에서 개업하여 갖은 수단을 동원하여 홍보하며, 나의 생계를 위협할 때는 생의 비애를 감당하기 어려웠다. 날마다 문전성시를 이루던 아줌마 부대가 싱싱야채가게로 슬금슬금 들어가는 것을 지켜보는 정육점 주인의 눈은 패잔병처럼 쓸쓸해 보였다. 실덕실덕 농담 섞인 유머로 사람들을 즐겁게 해주던 그를 이제는 볼 수 없으리라는 예감이 들었다.

며칠 후 요란스럽게 시작했던 '오늘 잡은 소'의 간판이 힘없이 내려졌다. 그리고 그 자리에 튼튼한 장정 서너 명이 달려들어 뚝딱거리더니, 미용실 간판이 올려졌다. 시끄럽던 마을은 다시 평정을 되찾았다.

싱싱야채가게의 유리창에는 "인내는 쓰다. 그러나 그 열매는 달다"라고 쓰인, 오래된 격언이 나붙고 사람들은 아무렇지도 않다는 듯 차양막 안에서 사과를 고르고 고등어를 샀다.

나도 몇 날을 버텼지만, 마트까지 나가는 일이 힘들어서 그곳에서 야채와 과일을 샀다. 새로 생긴 가게는 마음껏 가져가도 된다는 콩나물 단지 같은 것은 없었다.

덤을 주기 위해서 자신의 손해를 감수하며 번민했을 정육점 주인의 분투가 눈물겹게 다가온다. 그 옆을 지날 때마다 "누나야, 오늘 생미역 참 싸다, 사가라." 하고 소리치던 정육점 주인의 걸걸한 목소리가 들리는 것만 같다.

2

아버지의 겨울

간장게장

좀처럼 진도가 나가지 않는 책을 붙잡고 씨름하고 있는데 밖에서 꽃게 장수의 외침이 들려왔다. "꽃게가 왔습니다. 꽃게, 서해안 안면도에서 방금 잡아 온 꽃게, 둘이 먹다가 하나가 죽어도 모를 꽃게가 왔습니다." 확성기에서 들려오는 목소리의 억양이 생각해 볼 것 없이 충청도 사람이다. 후다닥 짝짝이 신발을 신고 달려가 보니 싱싱한 꽃게들이 톱밥 속에 얼굴을 파묻고 거품을 뿜어내고 있었다.

내가 가장 좋아하는 음식은 간장게장이다. 색감 좋고 먹음직스러운 양념게장도 싫지는 않지만 깊은 맛의 간장게장을 더욱 선호한다. 꽃게 맛이 가장 좋은 계절은 만물이 소생하는 봄이다. 내 고향 서산의 동부시장은 봄이 되면 제철 꽃게를 사려는 사람들로 북새통을 이룬다. 주황빛의 알과 내장이 가득 찬 암게가 특히 맛있는데 배딱지의 모양을 보고 암수를 구분한다. 꽃게 안쪽 배를 보면, 암게는 배딱지 모양이 둥글고 넓적하고 수게는 뾰족한 모양을 가지고 있다.

고향에 가려면 며칠 전에 부모님께 전화를 드리고 가는 것이 나의 습관이었다. 아무 날에 집에 가겠다고 말씀드리면 어머니는 간장게장을 담가주셨다. 읍내 시장에 갈 시간이 없으면 출타하시는 아버지께 꽃게를 사 오라고 하셨다. "아무리 비싸도 알이 통통하게 찬 암꽃게로 사 오시유." 하고 당부하셨지만, 아버지는 암꽃게가 너무 비싸서 수꽃게를 사 오시거나 빈손으로 돌아오는 날도 있었던 듯싶다. 그러면 어머니는 시장에 가셔서 최상품 꽃게를 사다가 급하게 꽃게장을 담그셨다는 후문이다. 그래서 나는 집에 가면 엄마표 꽃게장을 원 없이 먹었다.

어린 시절 모내기 철이 돌아오면 일에 지친 일꾼들을 위해서 아낙네들은 맛깔 난 반찬들을 장만했는데 게장은 자반갈치와 함께 빠질 수 없는 찬거리였다. 일꾼들이 남긴 못밥을 이고 온 어머니는 김을 매고 있는 윗집 아주머니를 큰 소리로 불렀다. 텃밭 옆 한 뼘밖에 안 되는 미루나무 그늘 밑에서 먹던 못밥의 맛을 어찌 잊을 수 있을까? 거기다가 갖은양념을 골고루 섞어 정성껏 무친 양념게장 역시 밥도둑이었다.

꽃게로 할 수 있는 요리는 참 다양한데 꽃게 된장찌개, 꽃게탕, 꽃게찜, 꽃게라면 등 응용할 분야도 많다. 찬거리가 마땅치 않을 때, 냉동실에 있는 꽃게 두어 마리를 꺼내 된장찌개를 끓이면 시원하고 감칠맛 나는 한 끼의 식탁이 된다.

가을이 지나면 찬장 아래 게장 단지가 서너 개씩 늘어났다. 서해안은 꽃게뿐만 아니라 칠게와 황발이라고도 부르는 농게도 많이 났다. 집집마다 게장 단지가 있었는데 먹빛으로 변한 게장 국물은 게국지를 담는데 요긴하게 쓰였다. '게국지'는 내 고향의 향토 음식으로 사랑받는다. 김장철에 무청과 배추 겉잎, 늙은 호박과 무 등을 알맞은 크기로 썰어 액젓과 꽃게장 국물로 살살 버무리면 끝난다. 한 달 정도 푹 삭힌 후에 찌개를 끓여서 먹는다. 나는 지금도 게국지의 맛을 잊지 못해서 말만 들어도 침이 꿀꺽 넘어간다. 한겨울부터 늦봄까지 어머니의 반찬 걱정을 덜어준 게국지를 담가보려고 몇 번 시도해 보았다. 그러나 칠게 단지도 간장게장 국물도 갖고 있지 못한 나는 번번이 실패의 쓴잔을 마시곤 한다.

그렇게도 좋아하는 간장게장을 마음 놓고 먹을 수 없는 일이 생겼으니 그것은 바로 다음의 시 때문이다.

꽃게가 간장 속에서 반쯤 몸을 담그고 엎드려 있다 등판에 간장이 울컥울컥 쏟아질 때 꽃게는 뱃속의 알을 껴안으려고 꿈틀거리다가 더 낮게 더 바닥 쪽으로 웅크렸으리라 버둥거렸으리라 버둥거리다가 어찌할 수 없어서 살 속으로 스며드는 것 한때의 어스름을 꽃게는 천천히 받아들였으리라 껍질이 먹먹해지기 전에 가만히 알들에게 말했으리라 저녁이야, 불 끄고 잘 시간이야.

-「스며든다는 것」 전문

시 잘 쓰기로 유명한 안도현 시인의 시이다. 어렵지 않게 감성을 잘 건드린 시로 널리 사랑받는 시이기도 하다. "등판에 간장이 울컥울컥 쏟아질 때" 엄마 게가 뱃속의 알을 껴안으며 "저녁이야, 불 끄고 잘 시간이야"라고 말하는 끝부분에서 대부분 '왈칵' 눈물을 쏟을 만큼 감동을 느낀다. 문학이 이성이나 논리가 아닌 감성과 소통한다고 볼 때 이 시는 성공한 시다.

그런데 안도현 시인은 그의 어느 산문집에서 이 시에 대한 독자의 반응을 언급하면서 '그래도 나는 간장게장을 맛있게 먹는다'라고 쓴 글을 보았다. 솔직한 것이 나쁜 것은 아니지만, 이 말을 하지 않았으면 어땠을까…. 하는 아쉬운 생각도 든다. 때때로 침묵이 금이 되는 순간도 있다. 아! 나는 언제 다시 예전처럼 맛나게 꽃게장을 먹을 수 있을까?

강아지 페리

나는 일곱 살 먹은 푸들 암컷 강아지를 키우고 있다. 주인의 사정으로 며칠만 돌봐준다고 맡은 것이 어느새 4년의 시간이 흘렀다. 처음 본 페리는 체구가 작고 부실해서 연민을 불러일으키는 무녀리였다. '비루먹은 강아지 같다.'는 말이 딱 맞는다고나 할까. 데리고 밖에 나가면 사람들은 짐승도 키우다 보면 주인을 닮는다고 수군거린다. 기실 겁 많은 것은 꼭 나를 닮았다. 길을 가다가 낯선 개라도 만나게 되면 슬금슬금 궁둥이를 빼고 뒷걸음을 친다. 그건 아마 태어나서 내게로 올 때까지, 어미랑 떨어지지 않고 살았기 때문일 것이다. 그래서 그런지 낯선 이를 보고도 짖을 줄도 모르고 꼬리를 살살 흔든다. 개의 사명이 집을 지키는 일이라면 페리는 지금 직무유기의 죄를 범하고 있는 셈이다.

페리는 싸움을 모르는 평화주의자이다. 며칠 전 이웃집에 마실을 갔더니, 부화된 지 달포쯤 돼 보이는 노랑 병아리가 상자 안에서 꼬물거렸다. 페리는 겁에 질려서 걸음아 나 살려라 하며 꼬리가 빠지도록 달려왔다. 겁 많은 사람이 남을 해코지하는 것을 본 적이 없으니, 평화주의자라는 나의 견해는 헛된 과장이 아니다. 사 년을 키워준 주인을 떠나 우리집에 처음 오던 날이 생각난다. 페리는 삼 일 동안 현관 앞에 서서 식음을 전폐하며 주인을 기다렸다. 문밖에서 무슨 소리만 나도 주인이 저를 데리러 온 줄 알고 꼬리를 흔들며 문에 귀를 기울였다. 너무도 간절하여 숨을 멈추고 있는 것처럼 보였다. 충견 백구가 대전에서 진도까지 주인을 찾아왔다는 이야기나, 몸에 물을 묻혀 불을 끄고 주인을 살린 오수의 개도 유명하지만, 페리의 충성도 역시 만만치가 않다.

유난히 산을 좋아하는 나는 페리와 함께 산에 갈 때가 많다. 페리의 다리는 새 다리처럼 연약하다. 그럼에도 불구하고 보무도 당당하게 앞장을 선다. 한참 가다가 내가 보이지 않으면, 사람들 곁을 비집고 내려와서 주인을 호위한다. 그 순간 그는 든든한 나의 호위무사가 되는 것이다. 2.6킬로의 중량감을 갖춘 호위무사의 충성도치고는 참으로 눈물겹지 않은가. 그렇다고 페리가 완전할 만큼 품격을 소유한 것은 아니다. 하긴 한 번 실수는 병가지상사라고 하지 않던가. 페리 생애의 오점으로 남긴 실수는 다름 아닌 사랑하는 어미를 애꾸눈으로 만든 사건이다. 그러나 그 이유도 알고 보면 사랑에 대한 갈증에서 오는 결핍 때문이지 페리가 악해서 저지른 패악은 아니다. 주인이 제 어미를 안아주자 질투심이 폭발하여 한 번 할퀸 것이 화근이었다. 어미 루비의 아픔을 페리가 알기나 하는지 나는 가끔 궁금하다. 그러나 물어봐도 대답을 아니 하니 그저 그녀의 양심의 법에 맡기는 수밖에 도리가 없다.

페리는 또한 열정주의자이다. 외출을 했다가 집으로 돌아오면 현관 앞에 다소곳이 앉아서 나를 기다린다. 문을 열면 길길이 날뛰며 방 세 칸을 차례로 왔다가 갔다가 한다. 한참을 그렇게 열광적으로 반기다가 정신을 차리는 것이다. 자기 나름의 환영식인 셈이다. 이 세상 그 누가 힘과 권세도 없고 보잘것없는 나를 이토록 격렬하게 환호해 준단 말인가.

또한, 페리는 너그러운 포용력을 지니고 있어서 좋다. 야단을 쳐도 금세 털어버리고 순종하는 눈빛으로 주인의 명을 기다린다. 뒤끝이 없는 후덕한 품성을 지니고 있는 것이다.

이 시간에도 페리는 내 옆에 서서 나의 일이 어서 끝나기를 학수고대하고 있다. 산책하는 시간이 다가오고 있다는 것을 주지시키려는 듯 목줄을 입에 물고 나의 눈을 응시하고 있다. 그러니 어찌 사랑하지 않고 배길 수 있겠는가.

내 마음의 오얏나무

천지 사방이 온통 꽃 세상이다. 동서남북 어디를 봐도 산천은 봄꽃으로 황홀하다. 개나리 진달래가 앞다투어 피더니 뜰 앞의 정원에는 목련꽃도 피었다. 이제 곧 복숭아꽃 오얏꽃도 긴 잠에서 깨어난 듯 눈 비비며 기지개를 켤 것이다.

내 어릴 적 우리집 앞마당에는 한 그루의 오얏나무가 있었다. 집집마다 과실나무가 한두 그루 정도는 다 있었지만, 우리 집에는 그 흔한 감나무 한 그루도 없었다. 그런 어느 날 아버지가 심었다는 오얏나무는 자라지 않는 나의 키처럼 천천히 자라서 어린 마음을 조급증이 나게 하였다.

이맘때쯤이면 하얀 쌀밥 같은 오얏꽃이 연한 우윳빛으로 피어났다. 꽃은 한 폭의 수채화를 연상하게 했다. 이렇게 어여쁜 꽃도 보고, 한여름에 맛볼 오얏에 대한 기대감에 내 마음은 한껏 부풀어 올랐다. 봄비가 하염없이 사나흘 내리고 나면 그 아름답던 꽃은 우수수 떨어져 내렸다. 오얏나무 아래에는 작은 시내가 있어서 오빠들은 손으로 송사리를 잡고 어머니는 그 밑줄기에서 빨래를 했다. 바람이 불어올 적마다 하얗게 꽃이 떨어지고, 어머니는 그 꽃물을 손끝으로 헤쳐 가며 때에 전 옷을 하얗게 빨아 내셨다.

마당가 오얏나무는 작지도 크지도 않은 중간 크기의 나무였지만, 빨랫줄을 매는 기둥으로 쓰였고 바지랑대를 세워 두기에도 안성맞춤이었다. 빨랫줄에는 아버지의 일옷과 우리 오 남매의 갖가지 옷과 오줌싸개 막내의 풍차바지가 흔들흔들 걸려 있었다.

첫해의 오얏은 내 차례까지 오지 않았고, 그 이듬해의 오얏은 동네 악동의 손에 줄기까지 찢겨 나갔다. 아침에 일어나 보니 호두알처럼 컸던 오얏이 온데간데없이 사라지고 오얏나무 가지가 군데군데 폭도의 잔해처럼 떨어져 있었다. 간혹 닭장을 침범하여 닭을 물어가는 족제비도 그랬다. 아침에 일어나 보면 닭털을 한 움큼씩 빼놓고 가기가 일쑤였다. 나는 오얏 도둑이 눈독을 들이는 것도 모른 채, 날마다 마당에 서서 빨갛게 익을 날만을 손꼽아 기다렸던 것이다.

오얏이 열리기 시작한 지 삼 년째 되던 어느 초여름 저녁, 어머니가 소여물을 주고 집으로 들어오다가 오얏나무에 달린 양상군자를 보았다. "거기 누구냐" 하고 소리를 지르자 펄쩍 뛰어 도망가는 아이가 있었다고 한다. 뒤를 쫓아가다 보니, 동네 아무개였다고 한다. 개 짖는 소리에 나온 아이의 아버지가 "오늘이 굴뚝만 아는 우리 아버지 기제사인데, 어디 계집년이 와서 소란을 피우느냐."고 소리를 질러서 엄마는 분한 마음을 삭이며 집으로 돌아왔다. 팔이 안으로 굽는다고 이 사실을 전해 들은 아버지는 기분이 꽤 상했던 모양이다. 학교에서 돌아오니 발갛게 익어가던 오얏나무가 싹둑 베어지고 하얀 진이 묻어나는 그루터기만 남아 있었다.

불볕 나는 삼복에는 그늘을 주고, 겨울이면 반가운 까치의 둥지가 되어주던 오얏나무는 나의 마음에 꿈같은 기대만 주고 그렇게 사라졌다. 알이 작고 맛이 시다고 과일나무로 여기지 않았던, 그 나무가 자두나무라는 사실은 그 후 철이 들고서야 알았다. 사금파리처럼 빛나던 나의 유년을 어디 가서 찾을 수 있을까마는 요즘처럼 꽃이 만개하는 봄이 오면, 어린 시절의 추억 속으로 들어서는 나의 뒷모습을 만난다. 아름다운 여인이 입은 소복처럼 그렇게 희고 고운 오얏꽃과 함께 또 한 번의 봄이 가고 있다.

노을이 있던 자리

지난 삼월 열여드렛날은 아버지의 생신이었다. 온 가족이 모여 아침을 먹은 뒤, 부모님을 모시고 여동생 내외와 함께 외갓집에 가기 위해 길을 나섰다. 어린아이처럼 좋아하는 어머니의 모습을 보니 덩달아 기분이 좋았다. 저물어가는 노년의 어느 날 장성한 자식들을 앞세우고 친정 나들이에 나서는 기분이 어떨지는 상상할 수 없는 일이지만, 무척 뿌듯한 일이 아닐까 싶었다. 게다가 뜻하지 않게 생긴 염소 고기를 전해 줄 수 있다는 기쁨도 어머니의 마음을 더욱 들뜨게 하는 것 같았다. 어머니는 무엇이 그리도 섭섭했는지 근 십오 년이 넘도록 친정에 발길을 뚝 끊었다. 외조부모의 제삿날이면 아무리 바빠도 쇠고기라도 한 근 끊어서 막차를 타던 분이었다.

가는 날이 장날이라고 어송초등학교 근처에서 발이 묶였다. 전국 마라톤대회가 열려서 경찰이 길을 막는 바람에 시간이 지체되었던 것이다. 외갓집은 드넓은 바다와 팔봉산이 병풍처럼 둘러싸인 덕송리라는 마을이다. 너른 바다에서 설게를 잡고 바지락을 캐던 엄마의 유년은 가난했지만 싱그럽고 풍성했다. 가는 동안 차창 밖 풍경을 보니 '상전벽해'라는 말이 딱 들어맞았다. 푸른 물이 남실대던 바닷가에는 어느새 뾰족뾰족 솟아난 서양식 펜션과 전원주택이 들어서서 이국적인 분위기를 느끼게 했다.

80년대 중반이었으니 내가 스무 살 무렵이었을 것이다. 읍내의 버스터미널에서 우연히 큰 외삼촌을 만났다. 외삼촌은 읍내에서 볼 일을 다 보시고 버스를 기다리는 중이었고, 나는 방학이 끝나고 공부하러 타지로 나가는 중이었다. D시로 가는 버스가 떠나려는 찰나에 외삼촌은 우유와 빵을 사 들고 버스에 올랐다. 그리고는 주머니 속에서 동전까지 닥닥 긁어 주며 열심히 공부해서 훌륭한 사람이 되라고 몇 번이고 당부했다. 그날 큰외삼촌의 거친 손끝이 아직도 싸아하게 가슴을 울린다.

"아니 이렇게나 변한 것이여. 도대체 여기가 어딘지 알 수가 없구먼" 하고 계속 고개를 갸우뚱거리는 어머니의 눈이 놀라움으로 희번덕거렸다. 우리는 멈춰 서서 버스 정류장에 있는 아주머니에게 가는 길을 알아냈다. 고개를 두 번 넘고 산길에 접어들어선 후에야 어머니는 친정집이 보인다고 소리쳤다. 모퉁이를 돌아서니 구순에 접어든 외삼촌이 양지뜸에 앉아서 우리를 기다리고 계셨다. 앙상한 겨울 산의 삭정이처럼 마른 체구였지만, 반가운 미소로 우리를 맞았다. 내가 어렸을 때, 외갓집에 오면 무화과 열매를 따주고, 뒷마당의 호두를 까서 입에 넣어주시던 든든했던 큰외삼촌이다. 천식에 걸린 외할머니의 병을 고치기 위해 전국 방방곡곡을 헤매고 다닌 효자로 소문이 자자한 분이기도 하다.

마당가에 서 있던 그 무성하던 무화과나무와 호두나무도 싹둑 베어지고, 논배미 옆에 붙어 있던 옹달샘도 흔적이 없다. 변하지 않은 것이 있다면 다정하게 누워 있는 외조부모의 산소뿐이었다. 막내 외삼촌이 눈 쌓인 빈 들녘에 외할머니를 혼자 두고 돌아갈 수 없다고 몸부림쳤던 그 산소다. 잘생기고 영민하여 가족의 사랑을 한 몸에 받던 막내 외삼촌마저 병이 깊어 연명치료를 받고 있는 중이다.

지금도 저녁이면 서쪽 하늘에 검붉은 노을이 타오를까. 노을을 보며 환호성을 지르는 나를 두고 도깨비가 횃불을 들고 오는 것이라고 겁 많은 나를 놀렸던 진숙이 언니는 어떻게 변했을까. 나보다 두 살 더 먹은 외삼촌의 큰딸인 진숙 언니의 얼굴은 수줍게 피어나는 박꽃처럼 희고 고왔다. 무화과 나뭇잎 사이로 노을이 물들던 날, 진숙 언니가 하얀 분이 나는 감자를 삶아 마루로 내왔다. 여름 해는 길고, 일터로 간 부모님이 돌아오지 않으니 배가 고팠던 것 같다.

천식을 앓던 외할머니가 자지러질 듯이 기침을 하시며 안방 문을 열어젖히고 "이 고얀 것들 같으니라고 감자를 삶았으면, 이 할미한테 아니 뵈고 지들끼리 먹어." 하고 역정을 내시던 모습이 눈에 선하다.

허리가 활처럼 꼬부라진 외숙모가 "아가씨, 그때 새로 집을 지었다고 술 담아 놓고 우리를 불렀잖아유. 못 가서 미안허유." 다 늙은 올케인 큰외숙모가 떠나가는 차 문을 붙잡고 눈물을 글썽이며 사과하는 소리를 들었는지 못 들었는지…. 어머니는 말이 없었다. 어머니는 큰외삼촌에게 정성껏 빚은 술맛을 보여주고 싶었을까? 아니면 우여곡절 끝에 근사하게 개축한 새집을 보여주고 싶었던 것일까. 사람의 도리에 대한 섭섭함을 풀기까지 십오 년이 걸린 어머니와 큰외삼촌은 긴말은 안 했지만, 눈빛으로 웃으며 인사를 주고받았다. 돌아보니 노을이 무화과나무를 물들이던 그 자리에 허수아비 같은 큰외삼촌 내외가 서서 오래도록 손을 흔들고 있었다.

박가분

“선희는 시집갈 때, 박가분 한 통도 모자랄 거여, 후제 출가할 때 내가 한 통 사 주꾸마.” 넓적하고 못난 내 얼굴을 놀리던 할머니가 계셨다. 어머니는 그분을 당숙모라고 부르셨다. 어머니보다 한 살 위인 할머니는 키도 크고 깍짓동처럼 튼튼한 체구를 가지고 있었다. 한 살 차이인데도 어머니는 깍듯이 존대를 했다. 어른들은 나보다도 한참이나 어린 할머니의 막내아들에게도 ‘아저씨’라는 호칭을 쓰라고 하셨다. 숨을 내쉴 때마다 허연 물코가 주르륵 흘러내리던 꼬마에게 아저씨라는 말은 쉽게 나오지 않았다.

할머니는 집 안에 일이 있을 때 우리집에 오셨다. 무언가 속이 답답하거나, 급하게 돈이 필요할 때가 아니었나 싶다. 주로 밤이 이슥한 후에 대문을 두드렸다. 날품팔이로 생계를 유지하기 때문에 낮에는 시간을 낼 수 없다고 했다. 이야기를 하다 보면 밤이 깊어 내 방에서 주무시고 가는 날이 잦았다. 눕자마자 잠에 빠지던 할머니의 고단한 생활이 어린 내가 보기에도 안타까웠다.

그때 내 나이 몇 살이나 되었을까. 텃밭 둑에 있는 고욤이 탱탱하게 익어가는 가을이었다. 어머니는 한참 단잠에 빠진 나를 흔들어 깨우셨다. 말은 안 했지만, 돼지우리를 지나는 순간 할머니의 집에 가는 길이라는 것을 알 수 있었다. 이슬이 발목을 적시고 풀숲의 찌르레기 울음소리가 합창하듯 소란스러운 새벽길이었다. 어머니의 머리에는 쌀 한 자루가 얹혀 있었다. 등성이에 오르자 맑은 산의 정기와 향기로운 솔내가 훅 끼쳐왔다. 어머니의 서걱거리는 옥양목 앞치마에서도 풀 비린내가 났다. 미끈거리는 낡은 고무신이 벗겨질 듯 말 듯 위태롭게 보였지만, 어머니는 내리막길을 쏜살같이 내려갔다.

둥구산 날망에는 밤을 새운 잔별들이 조롱조롱 떨고 있었고, 초가지붕에는 박꽃이 소담스레 피어나고 있었다. 도둑고양이처럼 안마당에 들어서니, 토방에는 크고 작은 문수의 검정 고무신이 여기저기 뒹굴고 있었다. 방문을 확 열어젖히면 아마 온 식구들이 옹기종기 얼굴을 맞대고 깊은 잠에 취해 있었을 것이다. 어머니는 마루에 쌀자루를 살그머니 내려놓더니 사립문을 사뿐히 들어 올렸다. 거칠고 억센 촌부의 마디진 손이 보였다. 어머니의 손을 잡고 등성이에 오르니 동쪽 하늘에 먼동이 트고 아랫마을에서는 첫닭 우는 소리가 들려왔다.

그때를 떠올리면 지금도 마음 한편이 따스해진다. 가난한 집안에 시집온 어머니는 갖은 풍상을 겪으며 신산한 삶을 살았다. 그러나 고달픈 애옥살이에 심신이 피폐해질 만도 했건만 어려운 사람을 보면 그냥 보내는 법이 없었다.

나는 지금도 궁금하다. 할머니가 그때 그 새벽의 일을 모른 채 세상을 떠났는지, 어머니를 만나면 꼭 한 번 물어보리라고 생각하지만, 번번이 잊고 만다.

나도 이제 나이가 들어서 특별한 날 빼고는 화장을 하지 않는다. 그래서 가루 파우더 한 통이면 수년을 쓰고도 남는다. 얼마 전 모 일간지에서 우리나라 최초의 화장품인 박가분에 대한 기사를 보았다. 일제 강점기에 생산된 박가분은 하루에 만 갑 이상 팔린 정도로 인기를 끌었다고 한다. 예나 지금이나 아름다움을 추구하는 여성의 욕망은 막을 길이 없다는 것을 새삼 느낀다. 그나저나 할머니가 그 어려운 살림에 박가분 한 통이라도 사서 바르고 사셨는지 궁금하다. 원래 사람은 자신이 갖고 싶은 것을 가슴에 담아 두게 마련이니까 말이다.

앵두에 대한 추억

감나무 잎사귀가 반질반질 들기름을 칠한 듯이 윤이 나고, 손바닥처럼 두꺼워지니 유월도 무르익었다. 앵두꽃이 진 자리에 연둣빛 잎사귀들이 피어나더니 어느새 빨간 앵두가 다닥다닥 열렸다. 아무 수고도 하지 않고 저절로 익은 앵두를 한 알 따서 입에 넣으니, 미안하기도 하고 고맙기도 하다. 생각해 보면, 내 어린 날의 유월은 어쩜 그렇게도 하루가 길고 배가 고팠는지, 한없는 애상에 잠기게 한다.

밭둑의 완두콩이 아기 밴 여인처럼 통통해지고 보리밭의 깜부기가 시커멓게 익어가는 날이면, 학교에서 돌아온 나는 뭐 먹을 것이 없는가 하고 집 안을 어슬렁거렸다. 그러나 찬장을 뒤지고 다락을 들여다보아도 아무것도 없고 한낮의 땡볕만 뜰 안에 가득했다.

텃밭에는 쪽 고르게 펼쳐진 육종 마늘이 청태 덮인 바다처럼 누워 있었다. 머리에 수건을 동여맨 어머니는 혼자서 마늘종을 뽑았다. 마늘종도 뽑는 시기가 따로 있었다. 제때 뽑아주지 않으면, 마늘 밑이 들지 않았고, 마늘의 꽃줄기는 돼지 꼬리처럼 노랗게 세었다. 나는 몇 개 뽑아서 부리나케 장독대로 내달렸다. 마늘종을 고추장 단지에 담가 빨아 먹다가 어머니에게 들키면 눈물이 쏙 빠지도록 혼이 났다. 파리가 쉬를 슳어 놓으면 올해 고추장은 낭패를 보기 때문이다. 횟배 앓는 모양으로 요동치는 배를 안고 마루에 앉으면, 어미 제비는 새끼에게 먹이를 물어다 주느라고 분주했다.

어머니는 이따금 완두콩을 넣고 개떡을 쪄 주셨다. 방 안에는 이스트를 넣은 밀반죽이 풍선처럼 부풀어 오르고 문고리를 잡을 때마다 반죽이 익는 냄새가 진동하였다. 한쪽씩 들고 동구 밖에 나서면 이 세상 그 무엇도 부럽지 않았다.

큰댁 언덕엔 키가 멀대처럼 큰 돼지 감자밭이 있었고, 그 옆에는 고운 황매화가 탐스럽게 피어났다. 나는 황매화를 따서 밤톨만 하게 돋아나는 젖가슴에 넣고 어른 놀이를 하곤 했다. 유월의 햇살을 실컷 먹은 매화는 부드럽고 따스했다. 모두 들일을 나간 오후인지라, 면경 앞에 서서 눈을 찡긋대며 볼록한 가슴을 흡족하게 바라보았다. 나는 어서 커서 어른이 되고 싶었다. 그래서 동네의 경희 언니처럼 뾰족구두에 흰 나팔바지를 입고 또각또각

걷고 싶었다. 언젠가 집 앞의 다리에서 넘어져서 발목을 삔 경희 언니를 두고 사람들은 엉덩이에 뿔이 난 것이라고 수군댔다. “쯧쯧 어린 것이 멋은 들어 가지고 온 마을의 먼지를 휩쓸고 다니는구먼.” 그러든가 말든가 경희 언니는 아침마다 콧노래를 흥얼거리며 출근을 했다.

사금파리를 모아서 소꿉장난을 하다가 그 일도 지치면 수미네 뒤란에 숨어들어서 앵두 서리를 했다. 대청의 옥색 모기장 속에는 수미의 막냇동생이 낮잠을 자고 있었다. 바스락거리는 소리에 깨기라도 하면 큰일이었다. 생쥐처럼 낮은 포복으로 새빨간 앵두를 한주먹 훑어오는 것으로 서리는 끝이 났다. 가슴을 졸이면서 뒤란을 빠져나오면 하늘은 눈부시게 환했고 등허리는 땀으로 뒤범벅이 되었다. 집집마다 보리 바심이 한창이었다. 마당에는 와룡기가 와룡와룡 돌아가고 텃밭에는 어머니가 좋아하는 아욱이 오지랖 넓은 아낙의 앞치마처럼 넓어지고 있었다. 생애 처음으로 마음 놓고 따먹어도 좋을 앵두나무가 생겼다. 가슴을 졸이며 도둑고양이가 되지 않아도 좋을 나만의 나무이다.

사람들은 아름다운 여인의 입술을 앵두로 비유하지만, 나는 앵두만큼 고운 입술을 아직 본 적이 없다. 앵두를 따서 소쿠리에 말갛게 씻어 놓고 나니 함께 나누고 싶은 옛 벗들의 얼굴이 하나둘 떠오른다.

늙음에 관하여

올여름처럼 더운 때가 또 있을까. 나흘째 폭염주의보가 발효 중이다. 휴대폰에서는 야외활동을 자제하고 노약자는 건강에 유의하라는 문자 알림이 '딩동'거리며 온다. 더위에 혀를 빼어 물고 헉헉대는 반려견을 데리고 그늘을 찾아 집 근처 공원으로 나왔다. 오전 시간인데도 많은 사람이 더위를 피하여 모여 있다. 연신 부채를 부치는 사람, 목침을 베고 누워 있는 사람, 파리채를 휘두르는 사람 등 각양각색이다.

재작년 아파트 관리실에서는 주민들의 편의를 위해서 꽤 너른 평상을 갖다 놓았다. 젊은이들은 일터에 나가고 평상에서 노는 이들은 나이가 지긋한 노인들이다. 오늘도 할머니들이 진을 치고 앉아 한바탕 웃음꽃을 피운다. 늘 오는 사람이 정해져 있는 것 같다. 그들은 함께 모여 마늘을 까기도 하고 고구마 줄기를 벗겨내기도 하는 등 소소한 일감을 들고 와서 하루를 소일하고 있다. 평상 옆에는 벤치 세 개가 있다. 매미는 은행나무에 걸린 뜨거운 햇살 아래서 이른 새벽부터 쉬지 않고 울고 있다. 벤치에 엉덩이를 들이밀자마자 한 할머니가 꽥 소리를 지른다. “여그는 할매들이 앉아서 노는 놀이터인데, 개를 데불고 오면 되나. 고마 딴 데로 가소.” 초록은 한 빛이라고 강기침을 하던 할머니가 눈에 칼을 세우고 “고마 여기는 안 된다카이, 개새끼들 때문에 살 수가 없는기라.” 하며 쌍지팡이를 들고 나오는 것이다.

이쯤 되면 나의 인내력에도 한계가 온다. 체면 때문에 간신히 참고 있었던 자제력이 거칠게 용틀임을 친다. “할머니! 개는 반려동물입니다. 그리고 앉을 자리는 제가 따로 가져왔습니다.” 하고 신문지를 펼치자, 얼굴에 붉은 점이 두 개나 붙은 할머니가 벌떡 일어나서 삿대질을 하며 막무가내로 밀쳐냈다. 군중 심리인지 여기저기서 한 마디씩 이구동성으로 몰아치니, 순간 당황하여 어떻게 대처해야 할지 난감하고 진땀이 절로 났다.

분한 마음이 진정되지 않아서 씩씩거리고 있는데 경비 아저씨가 지나가며 눈을 찡긋거린다. 그리고 작은 목소리로 “좋은 게 좋다고 그냥 넘어 가시지예.” 하고 그치기를 종용했다. 연세가 많은 부모님 생각도 나고 매일 만나는 사람들끼리 얼굴을 붉히며 사는 것도 불편한 일인 것 같아서 입술을 깨물고 물러났다.

현재 우리나라는 반려동물 천만 시대를 맞고 있다. 인구 5명

중 1명이 개나 고양이, 곤충을 키우고 있다. 외로운 홀몸 노인이나 인간관계에서 고통을 받은 사람들이 반려견을 통해서 상처를 치유하고 삶의 의미를 되찾기도 한다. 억울한 마음에 관리실을 찾아가서 시시비비를 따져볼까 하는 마음이 불일 듯 일었지만, 공연히 일을 크게 만드는가 싶은 마음에 참을 인(忍) 자를 수없이 쓰며 집으로 들어왔다.

시간은 잘도 흘러 일주일이 지났건만, 여전히 무슨 악몽이라도 꾼 것처럼 기분이 유쾌하지가 않다. 할머니들은 여전히 거기 앉아서 웃고, 떠들며 즐겁고 시원한 하루를 보내고 있다. 타인의 즐거움을 빼앗고 그 자리에 자신들만의 공간을 만들어 가는 모습을 보니 윌리엄 골딩의 『파리대왕』에 나오는 야만의 사회를 만난 듯 우울하다. 나치 친위대 대령으로 600만의 유대인을 체포하고 학살한 아돌프 아이히만이 법정에 섰을 때, 사람들은 그가 악한처럼 생겼을 것이라고 확신했다. 하지만 그는 너무 평범하고 자상한 아버지요, 한 여자의 남편이었다. 철학자 한나 아렌트는 그의 행위를 '악의 평범성'이라고 명명했다. 그리고 "당신의 죄는 '사유의 불능성' 그 가운데서도 타인의 입장에서 생각하지 못한 무능함이다."라고 일갈했다.

영국 속담에 '노인의 말은 맞지 않는 것이 없다'고 하여 노인의 지혜와 경륜을 높이 샀다. 그리스인들도 '집 안에 노인이 없으면 다른 집 노인이라도 모시라'고 조언하고 있다. 어질게 사는 것을 최고의 덕목으로 삼았던 공자가 천하를 두루 돌아다니며 깨달은 것이 있었다. 그것은 타인에게 상처를 주는 말과 올바른 행동의 중요성을 강조하는 삼사일언(三思一言), 삼사일행(三思一行)이다. 한마디 말을 하기 전에 세 번을 생각하고, 한 번 행동하기 전에 세 번을 숙고(熟考)하라는 의미이다.

우리는 누구나 늙는다. 늙음이 인생의 한 시기이고 과정이라면 좀 더 품위 있게 늙는 방법은 없을까. 나이가 많다고 해서 젊은이에게 무례하게 행동해도 된다는 법은 없다. 버스에 올라타자마자 자리를 양보하라고 요구하는 노인의 모습을 심심찮게 보게 된다. 길어진 노년을 맞이한 우리는 내 욕망과 입장만 고수하려는 독선과 아집에서 벗어나 열린 의식으로 세상과 소통해야 한다. 어떻게 하면 이웃과 함께 조화롭게 살 수 있는지를 고민하는 내적 성숙이 필요하다. 어지러운 이 시대에 사표(師表)가 될 만한 어른들은 어디에 있을까. 지혜롭고 너그러운 영혼의 온기를 가진 사람들을 만나고 싶다. 그런 사람은 육신은 낡았으나 영혼이 꽃처럼 피어나는 청춘의 사람이다.

아버지의 겨울

간밤에 아버지가 꿈에 나타났다. 요즘에는 꿈만 꾸면 아버지에 대한 꿈이다. 아침에 일어나 보니 부재중 전화가 네 통이나 와 있다. 꿈속에 나타난 아버지가 정말로 전화를 네 번이나 한 것이다. 찍혀진 번호를 누르니 공중전화였다. 일 분 간격이었다가 삼 분, 오 분 간격으로 이 호된 추위에 바깥에서 덜덜 떨며 기다렸을 것을 생각하니, 가슴 저 밑바닥에서 슬픔이 터져 나온다. 폐쇄 병동에 아버지를 모셔놓고 떨어지지 않는 발길을 옮겨 돌아와야 했던 나의 마음을 무엇으로 변명할 수 있을까.

며칠 전 아버지를 129 응급차에 싣고 한 번도 가보지 못한 낯선 지역으로 향했다. 차에 타자마자 깊은 잠에 곯아떨어진 아버지는 살아온 이력만큼이나 고단해 보였다. 어디로 가는지 아무것도 모르는 당신은 무슨 꿈을 꾸는지 모로 누워서 아기처럼 칭얼댔다. 신호도 무시한 채 질주하는 사이렌 응급차가 요란한 경적 소리를 내며 들길로 접어들어도 기척도 하지 않았다.

Y병원은 예산 읍내에서도 한참 떨어진 산속에 있었다. 편백숲을 지나자 노루 꼬리만 한 겨울 해가 똑 떨어지고 어둠이 도둑처럼 달려들었다. 우람스레 쭉쭉 뻗은 편백나무가 거기 그렇게 굳세게 서 있다는 것이 얼마나 큰 위로가 되었는지…. 그곳에 가 보지 않고서는 알기 어려운 일이다. 처음에 간호사와 전화로 상담할 때, 공기가 좋아서 최적의 치료가 될 수 있다고 자신하던 대로 병원은 조용하고 고즈넉했다.

129 환자 호송차가 도착하자, 미리 기다리고 있던 범강장달처럼 건장한 두 명의 장정이 달려들어 아버지의 양쪽 팔을 끼웠다. 잠들어 있던 아버지는 소스라치게 놀란 채 두리번거렸다. 그리고는 금세 사태를 파악했다는 듯 낯선 사내들에게 몸을 맡기고 저항 없이 병원 문에 들어섰다. 아버지의 어깨는 새의 죽지처럼 가냘프고 위축되어 더 작아 보였다. 삼나무처럼 든든하고 울타리의 사철나무처럼 푸르던 아버지는 어디론가 사라지고 검불처럼 초라해진 당신은 지금 어디를 향해서 걸음을 재촉하고 있는 것일까.

아버지의 시간은 한 발자국씩 늦었다. 십일월 초순쯤에 끝난 마늘 파종 시기를 기억하지 못했다. 대설을 지나 동지가 가까워 오는데 마늘을 심어야 한다고 걱정이 태산이다. 평생 농사를 지어서 이십사절기와 농가월령에 이골이 났을 텐데 시간을 자꾸 놓쳤다.

아버지는 꽤 많은 돈을 잃은 후에 저장강박증을 앓아 집 안을 온통 쓰레기더미로 만들었다. 옷, 이불, 가방, 벨트의 바클 등 눈에 보이는 것마다 아버지에겐 다 소중하고 유용한 물건이다. 잃어버린 물질에 대한 허전함 대신에 무언가를 모으고 채우면서 그 상실감을 위로받고 있는 것인지도 모른다고 생각했다. 마당에는 그동안 주워 모은 나무판자가 켜켜이 쌓여서 노적봉처럼 우뚝 솟아있었다. 그리고 뾰족 튀어나온 나뭇가지 끝엔 흙 묻은 삽 하나가 아버지의 분신처럼 걸려있었다.

예전에는 그 자리에 추수 끝에 남겨진 볏단으로 짚누리를 만들어 높새바람을 막았다. 박새가 보금자리를 틀고 쥐가 겨우내 들락날락거리며 새끼를 까기도 했다. 하도 답답해서 "아버지, 이제 그만 모으세요. 집 안이 이게 뭐예요." 하고 싫은 소리를 하면 "다 쓸모가 있어서 모으지." 하고 눈에 노여운 빛이 역력했다. 도랑에 물을 가둬 놓아야 가뭄에 대비할 수 있다고 주워온 이불로 군데군데 막아놓았다. 그건 아버지의 셈법이었다. 누구도 이해할 수 없는 일이었지만, 일평생 농부로 살아온 자신의 삶에 대한 존재 증명인지도 모른다는 생각이 들었다.

어릴 적 고향 사람들은 겨우내 쉬지 않고 신우대를 베어내어 복조리를 만들었다. 복조리는 도정 기술이 없던 그때 곡식에 섞인 돌을 골라내는 데 꼭 필요한 도구였다. 정월 초하루나 대보름날에 안방 문 앞 벽 위에 걸어놓던 복조리는 한 해의 복을 기원하던 소중한 물건이었다. 아버지는 대보름날 아침, 가장 잘생긴 조리를 한 쌍 묶어서 매달고 김밥을 뭉쳐서 올렸다. "한 섬이요. 두 섬이요." 하며 제삿날 축문을 외듯이 엄숙한 목소리로 새해의 풍년과 복을 빌었다.

새털구름 같은 흰 눈이 묻어 있던 신우대 껍질을 까는 일은 우리의 몫이었다. 녹슨 펌프 물의 손잡이가 쩍쩍 얼어붙는 뜰 안에는 쇠죽 쑤는 냄새가 구수했다. 시퍼런 작두에는 썰다 남은 볏짚이 아무렇게나 내동댕이쳐 있었다. 외양간에는 누렁소가 허연 입김을 뿜어내고 "음매 음매" 울며 저녁 여물을 기다렸다. 이따금 회오리바람이 불면 뜰 안의 눈발이 대문 밖으로 쓸려갔다. 우리는 누가 더 많이 대나무 껍질을 벗기는지 내기라도 하려는 듯 손바닥에 침을 묻혀가며 흥에 겨웠다. 손끝이 곱고 시렸지만, 아무도 개의치 않았다. 엄마가 끓이는 게국지의 냄새가 이미 들창에 몽글몽글 피어나고 있었기 때문이다.

아버지는 저녁상을 물리고 나면 사기 등잔의 심지를 올리고 본격적으로 복조리를 만드는 작업을 시작했다. 대나무를 곱게 다듬어서 가늘게 쪼개어 물에 담그고 씨줄과 날줄로 꿰어 한 가닥씩 단단하게 엮어냈다. 튼튼한 다리를 세워 발로 꾹꾹 누르면 순식간에 뚝딱 하나씩을 만들어냈다. 방 안에 그윽하게 피어오르던 잔대나무의 향이 지금도 코끝을 벌렁거리게 한다. 그 겨울밤, 젊은 아버지는 이따금 뒷문을 치는 바람 소리에 귀를 기울이며 "내일은 뒤란에 짚단을 쟁여야겠구먼." 하고 중얼거렸다. 동생과 나는 하나둘씩 쌓이는 조리를 세다가 까무룩 잠이 들었는데 아침에 일어나 보면 윗목에는 셀 수도 없이 많은 복조리가 쌓여 있었다.

사계절 내내 휴식이 없었던 아버지는 일할 수 없는 밤이 오는 것을 탄식하였다. "왜 밤이 생겼는지 몰라. 일도 못 하게…." 하며 종종 혼잣말을 했다. 그만큼 아버지는 정직하고 성실한 농부였지만, 나는 그런 아버지를 좋아하지 않았다.

꿈속에서 아버지는 발에 묶은 검정비닐을 풀고 있었다. 비닐을 벗겨내자 갈라진 뒤꿈치에서 피가 조금씩 흘러나왔다. 아버지는 무표정한 모습으로 발뒤꿈치를 손끝으로 계속 비비고 있었다. 오늘은 하루 종일 겨울비가 내린다. 아버지도 저 비를 바라보고 있으리라 생각하니 참았던 눈물이 주르륵 볼을 타고 흐른다. 이 길고 긴 아버지의 겨울이 빨리 끝나고 새봄이 오기를 두 손 모아 기도한다.

3

정지미의 측백나무

바다가 보이는 집

둔탁한 쇠붙이 소리에 놀라서 잠이 깼다. 날이 흐려서 어두움이 채 가시지 않은 안개 낀 아침이다. 예전 같으면 박새와 직박구리가 삐삐삑거리고 지저귈 시간이다. 집 앞에 도로 하나를 사이에 두고, 4천 3백 세대의 대단위 아파트가 들어섰다. 공사가 시작되자마자 신기하게도 새들이 자취를 감추었다. 주민들이 소음과 먼지 때문에 창문을 열어 놓기가 겁이 난다고 아우성이다.

새 아파트가 들어서기 전 우리집은 푸른 바다가 한눈에 들어오는 탁 트인 참 좋은 곳이었다. 어제까지만 해도 손바닥 크기만큼 남아서 찰랑거리던 바다가, 오늘은 아예 사라지고 그 자리에 닭장 같은 집들이 모여 있다. 하늘 끝에 닿기라도 하려는 듯 긴 크레인이 바벨탑처럼 신축 아파트 공사장에 떡 버티고 서 있다. 눈을 뜨면 맨 먼저 바다를 보는 것이 오래된 습관이었다. 세탁기가 놓인 앞 베란다에서도 거실에서도 맑고 푸른 바다는 청명하게 남실거렸다.

처음 이 아파트에 이사 오기 전 우리는 주공아파트에서 전세를 살았다. 그때 큰아들이 초등학교 6학년, 둘째 아들이 2학년이었을 것이다. 아이들은 학교에 갔다 오기만 하면, 새 아파트에 이사를 가자고 노래를 불렀다. 집 근처에 국군통합 병원이 옮겨지고, 그 자리에 대단위 아파트가 올라가고 있었다.

“엄마 그 아파트에는 물레방아가 달린 호수도 있고 바로 뒤에 청량산도 있어. 그리고 바다도 보여, 우리도 이사 가요. 304동에 사는 동호도 이사 간단 말이에요.” 하면서 소란을 피웠다.

단짝인 친구가 이사를 간다는 말에 잔뜩 자극을 받은 큰아들이 등에 멘 가방도 내려놓지 않고 계속 졸라댔다. ‘이번 기회에 우리도 집 한 채 마련할까. 애들도 저렇게 원하는데…. 언제까지 남의 집에 살 수도 없는 노릇이고’ 손에 든 돈이라고는 얼마 안 되는 전세금이 전부였지만, 이리저리 빚을 내고 우여곡절 끝에 이 집을 장만하게 되었다.

시력이 좋지 않은지 도수가 높은 안경을 쓴 대박부동산 소장은 남은 것은 저층뿐이라면서 오층을 권했다. 내가 못마땅한 표정을 짓자 목소리의 톤을 한껏 높여서 “저층이 좋지요. 혈압에도 좋고 고층에 살다가 엘리베이터가 고장이라도 나면 걸어 다니는 일이 보통인 줄 아세요?” 하고 알랑거렸다.

23층까지 있는 5층 아파트는 누가 보아도 매력이 없었지만, 다리가 불편한 남편을 배려한다는 취지에서 만장일치로 합의를 보았다.

아들의 말대로 집 뒷산인 청량산은 운동하기에 그만이었다. 운동을 좋아해서 여러 운동을 해 봤지만, 걷기나 등산만큼 손쉬운 운동도 없었다. 아무 옷이나 걸쳐 입고 시간에 구애를 받지 않고 갈 수 있는 뒷산이 있다는 것이 특히 좋았다.

산에 오르다가 힘에 겨워 잠시 쉬노라면 코앞에 쪽빛 바다가 파도를 안고 흔들거렸다. 멀리 나가지 않아도 시내 한가운데 바다가 있고, 십여 분만 걸어도 철썩이는 바다를 볼 수 있다는 것은 큰 축복이 아닐 수 없다. 또한, 야트막한 산과 잘 다듬어진 임도는 마을 사람들에게 큰 자랑거리였다.

쾌적한 환경이 주는 자부심이 컸던 주민들은 4천 3백 세대의 고층 아파트가 들어선다고 하자 대형 현수막을 걸고 싸움을 벌였다. 하루가 다르게 척척 올라가는 아파트를 바라보는 사람들의 얼굴이 분노로 벌겋게 타올랐다. 승강기 안에도 조망권과 소음을 우려하는 슬로건이 하루가 다르게 강도를 높였다.

7층에 사는 술꾼 아저씨가 법적 소송을 벌여야 한다고 거품을 물었지만, 법적인 보호를 받기는 어려워 보였다. 영국이라는 나라는 작은 공사가 있어도 주민의 동의를 얻어야 승인이 난다는 말을 들은 적이 있지만, 여기는 내가 사는 한국 땅이다.

어제 오후 집을 내놓으려고 대박 부동산에 들렀다. 한층 더 뚱뚱해진 소장은 거들먹거리며 "요즘 나온 물량이 하도 많아서요. 집이 팔리겠습니까? 23층 아파트에 5층이라, 햇볕도 잘 안 들어오고 층간소음에다가 또 새 아파트가 이렇게 많이 쏟아지니…." 하고 말끝을 흐렸다.

나는 정이 뚝뚝 떨어져서 뒤도 돌아보지 않고 대박 부동산의 문을 '쾅' 소리가 나도록 세게 닫고 나왔다. 말할 수 없이 우울한 기분이 들어서 우산을 들고 청량산에 올랐다. 사방이 꽉 막힌 답답한 집에 있기 싫어서 나왔다는 말이 더 솔직할 것이다.

푸른 바다는 아무 일도 없다는 듯 비를 받아들이고 있는 것 같았다. 책을 보다가 피로해지면 바다를 바라보는 것만으로도 충분한 휴식이 되었다. 오늘처럼 비가 촉촉이 내리는 날은 커피 한 잔 마시며 바다를 바라보면 울적한 기분이 한결 좋아지기도 했다. 사춘기 아들의 반항에 속이 자글자글 끓을 때도 바다는 어머니 같은 음성으로 '지나고 보면 아무것도 아냐. 걱정하지 마라, 다 지나가는 거야' 하고 내 마음을 다독여 주었다.

그 바다가 이제는 보이지 않는다. 새 아파트에 가려서 바다는 그림자도 보이지 않는다. '언제 그 자리에 바다가 서 있기라도 했나.' 하는 아득하고 멍한 느낌이 든다. 그러나 바다가 보이지 않는다고 해서 그 바다가 아예 사라진 것은 아니다. 바다는 예전처럼 거기 그 자리에 있고, 내가 살아서 숨 쉬고 있는 한 추억은 영원하니까…. 아들이 쓰는 작은 방에 들어가서 달걀 프라이 모양처럼 작아진 바다를 보았다. 여전히 푸른 물결을 빛내면서 이지러지고 상한 것들을 품에 안고 말없이 출렁거리고 있었다.

육손이

초등학교 입학하던 날이었으니 사십 년도 훨씬 더 지난 일이다. 그날 아침 엄마는 찬 기운이 스멀스멀 올라오는 마루에 앉아 급하게 내 손톱을 잘라주었다. 입학 첫날부터 새로 만나는 친구들이나 선생님에게 흉이 잡힐까 봐 걱정이 된 모양이다. 바야흐로 때는 꽃샘추위가 시작되고 한창 소꿉장난에 재미를 붙이던 시절이어서 손등은 벌겋게 갈라지고 피가 흘렀다. 엄마는 혀를 끌끌 차며 "까마귀가 동생 하자고 쫓아오겠구나." 하고 손을 잡았다. "아야 아얏." 어제 소꿉놀이하다가 사금파리에 찔린 사마귀가 손끝에 쓸려 간당간당 떨어질 듯이 아프다. 엄밀하게 말하면 사마귀가 아니고 여섯 번째 손가락의 흔적이었다.

엄마 말에 의하면 나는 태어날 때부터 '육손이'였다고 한다. 그러나 다행스럽게도 뼈가 생기기 전이라서 엄마의 머리카락 한

올로 쉽게 해결되었다. 그래도 미련이 남았는지, 머리카락에 잘린 육 손가락 자리에는 응고된 피가 밥알 크기의 사마귀로 남아 있다. 함께 산 세월이 하도 길어서 이제 눈 밑에 코가 붙어 있는 것처럼 다정하게 느껴진다. 남에게 없는 것이 나한테는 있어서 그저 신기하고 재미있었다. 친구들이 손을 잡다가 이게 뭐냐고 물으면 대수롭지 않게 "응 이거, 나 예전에 육손이였어." 하고 자랑스럽게 이야기했다. 의료기술이 발달하지 않았던 시절에는 육손이를 가진 아이들이 동무의 놀림에 손가락을 바위에 짓이기는 일도 있었다고 한다.

그래서 그랬던지 어른들은 육손이는 재주가 많다고 했다. 그건 온전하지 못한 손가락을 보고 놀리거나, 웃음거리로 만들지 않으려는 조상들의 깊은 지혜가 아니었을까 싶다. 나는 지금까지 살아오면서 육손이기 때문에 유명세를 타거나, 재주가 많아 찬사를 받은 적이 별로 없다.

친정에서 큰아들을 낳고 3주 만에 아들의 손가락을 보기 전까지, 나는 육손이 유전이라는 생각을 하지 못했다. 간헐적인 진통으로 겁에 질린 내가 산부인과로 들어서는 순간에도 엄마는 "손가락 발가락만 정상이면 아무 걱정 없다." 하고 몇 번이나 되뇌었다. 엄마가 잠시 나간 사이에 아들의 엄지손가락 옆에 붙은 작고 희귀한 기형 손가락을 보게 된 것이다. 그때 놀란 가슴을 어찌 말로 다 하랴. 딸의 산후 몸조리를 위해서 엄마는 이 비밀을

3주 동안이나 꼭꼭 숨기고 있었다. 나는 그제야 엄마의 엄지손가락에 있는 흉터의 의미를 이해했다. 엄마도 나도 아들도 같은 육손이였던 것이다. 엄마는 내가 상장이라도 받아오는 날이면 "우리 선희는 육손이라서 재주가 많아." 하며 흐뭇하게 미소를 지었다. 아들은 돌이 지나고 지인의 도움으로 수술을 받았지만, 엄지손가락의 흉터는 많은 사람의 궁금증을 자아냈다.

지금도 종종 앨범에서 여섯 개의 손가락이 달려 있는 아들의 손을 본다. 동자승처럼 머리숱이 없는, 한없이 천진난만한 얼굴이다. 나도 아들에게 젊은 날 엄마가 내게 해 주었듯 육손이는 재주가 많다고 이야기했다. 그런 덕분인지, 아들은 공부에 재능이 있어서 캐나다에서 학업을 마친 후 앨버타주에서 공무원으로 일하고 있다.

손주의 출산을 앞두고 아들과 며느리에게 혹 육손이가 태어나더라도 놀라지 말라고 신신당부했다. 천만다행으로 손주는 다섯 개의 손가락을 가진 정상아였다. 세상에는 내가 선택할 수 없는 것들이 적지 않다. 태어나서 처음 만나는 부모도 마음대로 선택할 수 없고, 자신이 속한 환경이나 지역 사회도, 사는 나라도 그렇다. 거부할 수 없는 숙명을 긍정으로 수용하는 것도 큰 용기인지도 모른다. 법구경에 나오듯 소리에 놀라지 않는 사자처럼, 순발력으로 위기에 대처했던 엄마의 지혜를 나는 언제쯤이나 흉내 낼 수 있을까.

동행

"얘야 좀 천천히 가자, 힘들다." 하고, 아버지는 심호흡을 하면서 서너 걸음을 떼다가 멈추어 선다. 걸음마를 처음 배우는 아기처럼 서툴다. 찔레나무 가시처럼 날카롭고 퉁명스럽던 아버지의 말투에 힘이 가셨다. 딴에는 아버지의 발걸음에 맞추어 최대한 느린 보폭으로 걷는 데 따라오지 못한다. 읍내에 가는 버스를 타려면 고향 집에서 잰걸음으로 칠 분 정도면 충분한데, 오늘 아버지는 그 거리를 가는데 삼십 분도 넘게 걸렸다. 가쁜 숨을 몰아쉬고 다리를 절룩이며 다섯 번이나 멈추고 쉬기를 반복했다.

평생 농사만 지은 아버지의 손은 거칠고 투박했다. 몇 개월 병원 신세를 지더니 여인의 손처럼 보드랍게 변해 있었다. 아버지는 아프도록 힘껏 내 손을 붙잡는다. 놓치면 큰일이라는 듯 겁이 많은 아이 같다.

여섯 살쯤 되었을까. 아버지와 나는 팔봉산 골짜기에 있는 외갓집에 가는 길이었다. 지금은 폐교가 된 모교인 산성국민학교를 지나 연화리를 거쳐서 그심이재를 넘어야 하는 먼 길이었다. 외할아버지의 회갑 잔치에 가는 아버지는 밤색의 두루마기에 흰 고무신을 신고 길을 나섰다. 이목구비가 수려한 아버지는 농부답지 않게 멋스러워서 어린 마음을 흡족하게 했다.

따라나설 때는 신바람이 났다. 그러나 장장 이십 리가 넘는 길을 걸어간다는 것이 어린 내겐 여간 곤혹스러운 일이 아니었다. "아버지! 좀 천천히 가요, 다리 아파서 죽겠어요." 하고 뾰로통해서 볼멘소리로 채근 대면 송방에 들러 십리사탕을 사서 입에 물려주기도 했다.

가을걷이가 한창인 늦가을의 말간 햇살이 아버지의 이마에 곱게 부서졌다. 어디쯤이었을까. 눈앞을 보니 드높은 기세로 우뚝 선 팔봉산이 저녁노을을 받아 황금빛으로 타오르고 있었다. 나도 크면 꼭 한 번 저 8봉우리까지 올라보리라고 다짐했건만, 아직도 오르지 못하고 있다.

아버지와 나는 길가 우물에서 목을 축이며, 퉁퉁 부은 종아리를 매만졌다. 때 이른 가랑잎 하나가 힘없이 아버지의 머리 위로 툭 떨어졌다. 부드러운 흙길이 되었다가 험한 돌길이 되었다가 길은 쉼 없이 나타났다가 사라지고 또 새로운 길이 나타났다.

"어서 가자 해 떨어진다. 이제 곧 밤이 올 텐데…. 밤이 되면 도깨비 나타난다잉.” 하고 아버지는 나를 쳐다보고 웃었다. 그때 마침 서쪽 하늘가엔 타다 남은 노을이 포물선을 그리며 스러지고 있었다. 힘차고 늠름했던 아버지는 이제 여든 중반, 길을 걸을 때마다 비척거리며 한 걸음씩 조심조심 발을 내딛는다. “천천히 좀 쉬었다가 가자, 힘들어.” 하고 이마에 흐른 땀을 훔치신다. 그 옛날 어린 시절에 내가 아버지의 뒤를 쫄랑거리며 칭얼댔던 것처럼, 이젠 아버지가 종종거리며 나를 쫓는다.

몸집도 작은 내게 몸을 의지하며 손을 놓지 않던 아버지는 버스에 앉자마자 꾸벅꾸벅 졸기 시작했다. 나는 가만히 아버지의 목에 두른 목도리를 풀어드렸다. 버스 안에는 어느새 아침 햇살이 환하게 들이찼다.

식구

'식구'라는 말은 언제 들어도 정겹다. '식구'는 한집에 살면서 끼니를 같이 나누는 사람이다. 오랜 세월 한솥밥을 먹다 보면 식성도 비슷해지는 것 같다. 바닷가 근처에서 어린 시절을 보낸 어머니는 손맛이 짜다. 그 밑에서 자란 나 역시도 반찬이 간간해야 손이 간다. 식성이 닮는다는 말은 결코 우연이 아니다.

밥을 함께 먹으면 정이 든다. 잘 모르던 사람도 얼굴을 마주 보고 밥을 먹으며 대화를 하다 보면 서로에 대해서 알게 되고 시나브로 정이 깊어져서 좋은 벗이 되기도 한다.

그래서 인생의 고수들은 성공을 위한 비결로 날마다 각기 다른 사람과 밥을 먹으라고 조언을 하고 있다. 밥도 이제 아무나 하고 먹어서는 안 되는 것 같아서 씁쓸해진다.

요즘 1인 가구가 늘어나서 '혼족'이라는 씁쓸한 낱말이 여기저기 널려 있다. 혼족을 위한 먹거리 추천 코너가 있고, 혼밥 전문 식당도 인기가 있다. 또한, 혼자 사는 사람들을 겨냥한 1인용 포장식품이 불티나게 팔리고 있다. 이제 혼자 밥 먹는 것이 쑥스러운 것이 아니고, 하나의 트렌드라고 떠드는 신문을 앞에 놓고 갑자기 우울해지는 이유는 무엇일까. 목숨을 유지하기 위해서 배를 채워야만 살 수 있는 생의 서글픔을 황지우 시인은 시 「거룩한 식사」에서 노래했다.

나이든 남자가 혼자 밥 먹을 때
울컥, 하고 올라오는 것이 있다
큰 덩치로 분식점 메뉴 표를 가리고서
등 돌리고 라면 발을 건져 올리는 그에게,
양푼의 식은 밥을 놓고 동생과 눈 흘기며
숟갈 싸움하던 그 어린 것이 올라와,
갑자기 목메게 한 것이다 (중략)

파고다 공원 뒤편 순댓집에서
국밥을 숟가락 가득 떠 넣으시는 노인의
쩍 벌린 입이 나는 어찌 이리 눈물겨운가

어린 시절, 일곱 식구가 옹기종기 모여서 먹던 밥상이 생각난다. 하얀 무명 수건을 쓴 어머니가 두리반을 들고 끙끙대며 안방으로 들어오던 모습이 선하다. 한겨울에는 전갱이 김치찌개가 배고픈 우리를 불러 모았다. 말갛게 떠오르는 아침 햇살이 유난스레 환하게 마루를 비추던 겨울 아침이었을 것이다. 어머니는 암녹색의 전갱이 한 토막을 아버지의 주발 위에 잽싸게 얹었다. 평소에 특별히 가장의 위엄을 높이지는 않았지만, 밥상 앞에 앉으면 아버지의 위치는 강고했다. 밥을 먹기 전 따스한 스테인리스 식기에 양손을 감싼 후에 식사를 하는 것이 아버지의 습관이었다. 아버지가 먼저 숟가락을 들고 국이나 찌개를 한 번 맛을 보고 난 후에 우리도 뒤따라서 숟가락을 들었다. 누가 가르쳐 주거나 강요를 한 것은 아니었다. '찬물도 위아래가 있다.'는 삼강오륜 중의 '장유유서'가 나름대로 지켜지고 있다는 의미가 맞을 것이다.

그렇다고 아버지가 어떤 대기업의 총수처럼 '밥상머리 교육'을 한 것도 아니었다. 밥 먹을 때 말이 많으면 상것이라고 한 번씩 훈수를 두는 것 외에는 별로 말씀이 없었다. 식구란 입맛이 비슷할 뿐만 아니라 인생의 달곰쌉쌀한 경험들을 함께 나눈 산증인이다. 집 안에서는 서로 치고받고 싸우다가도 밖에서 형제 중 하나가 얻어맞는 광경이라도 목도하면 죽기 살기로 달려드는 것이 식구요 피붙이다.

어릴 적 어느 겨울날, 어머니는 우리 오 남매를 앞세우고 건넌 마을로 돈을 받으러 간 적이 있다. 그 전날 내린 눈으로 온 세상이 하얗게 변해서 딴 세상에 온 듯 눈부신 밤이었다. 귀가

옮은 아버지가 술 한 잔 걸치고 왕대폿집 주인에게 돈을 빌려준 것이 사단을 불러왔다. 돈을 빌려주기는 쉬워도 받기는 어렵다는 의미로 '돈은 앉아서 주고 서서 받는다'는 말이 있는데 그 말은 이런 경우를 두고 하는 말일 것이다. 왕대폿집 주인은 '갓바치 내일모레' 하듯 약속한 날짜를 계속 미루고 있었다. 화가 머리끝까지 치솟은 어머니는 길쌈 도구와 옷 보퉁이를 피난민처럼 이고 지고 그 집으로 쳐들어갔다. "오늘부텀 여기서 먹고 자고 할 테니 그리 알유. 여기 안방이 워디래유." 어머니는 가슴을 탕탕 치며 마루에 걸터앉았다. 주독으로 코가 붉은 아저씨 한 명이 "음메 이게 뭔 일이래유, 술맛 떨어지게 싸게싸게들 일어납시다유." 하며 갑내가 풀풀 풍기는 벙거지를 덮어쓰고 일어섰다. 사태의 심각성을 깨달은 주인이 어머니를 달랬다. 내일은 무슨 일이 있어도 돈을 갚아 주겠노라는 확답을 받고 나서야 흥성거리는 술집을 나왔다.

옛말에 '곱슬머리 옥니박이 하고는 말도 섞지 말라'고 했다. 생각해 보면 그 말은 어지간히 맞는 말 같기도 하다. 어머니는 곱슬머리에 옥니였다. 집념이 강해서 한번 마음먹은 것은 꼭 아퀴를 지어야 하는 성격이었다. 그런 면 때문에 융통성이 없는 고집불통이요 독한 사람으로 비치기도 했다. 좌우간 그 추운 겨울밤, 졸음에 겨운 아이들을 앞장세우고 돈을 받으러 갔던 일은 두고두고 잊을 수 없는 이야깃거리가 되었다. 별시리 돈독한 우애가 없었으면서도 '피는 물보다 진하다'는 경구가 빛을 발하던 순간이요. '팔은 안으로 굽는다'는 속담도 한몫을 해 주는 가족 간의 의기투합의 한 장면이었다.

지난주 나는 고향에서 여러 날을 부모님과 함께 보냈다. 노환으로 고생하는 아버지의 수발을 들어주는 일은 생각보다 쉽지 않았다. 돌아오던 날 아침, 아버지가 전에 없던 미소를 지으시며 "이제 네가 식구 같다." 하시는 것이었다. "아버지! 그럼 제가 여태 식구가 아니었단 말이에요?" 하고 되묻자, 아버지 왈, "너는 출가외인이잖아, 그런데 이젠 진짜 식구 같다." 하셨다. 생각해 보니 참으로 감개가 무량하기도 하고 한편으로는 섭섭하기도 하였다. '출가외인'이라, 딸이 시집가면 남의 집 자식이 되는 것이라지만, 나는 한 번도 정씨 집안의 자식이 아니라고 생각해 본 적이 없었다. 유교를 신봉하는 아버지는 뼛속까지 공자의 후예였던 것이다.

팔순이 넘은 아버지는 이제 정신이 가물가물하고 가끔은 어린아이가 된다. "사탕이 먹고 싶어 한 알 줘 봐, 애야 오줌 좀 누여다오." 하고 몸을 맡긴다. 성서에도 우리가 어린아이가 되지 않으면 하느님의 나라를 볼 수 없다고 했다. 아버지는 점점 어린아이처럼 맑은 영혼이 되어가고 있다. 셈도 모르고 화내는 것도 잊었다. 그런 아버지가 좋다. 내가 아버지의 딸로 무언가 해드릴 수 있다는 것이 그저 감사해서 코가 찡하고 목이 멘다.

영원히 가지 않을 듯이 기승을 부리던 삼복도 다 지나가고 있다. 수박 한 덩이를 깨어 뉴슈가를 잔뜩 넣고 휘휘 저어 한 그릇씩 퍼주던 어머니의 분주한 손길이 눈에 선하다. 바람 한 점 없는 저녁, 사기대접에 담긴 오이냉국에 일곱 개의 숟가락이 딱딱 부딪치며 쨍그랑대던 그 어린 날들이 못 견디게 그리워지는 시절이다.

스리랑카 청년 사둔

출발 시각이 20분이나 남았는데 대전복합터미널이라고 쓰인 버스 한 대가 쏜살같이 달려왔다. 여행용 가방을 끌고 버스 짐칸을 향해 걸어가고 있는데 "제가 좀 도와드릴까요? 하고 묻는 이가 있어서 뒤를 돌아봤다. 이제 막 고등학교를 졸업했을까 싶을 만치 앳된 외국인 청년이 밝게 웃고 있었다.

얼굴을 찬찬히 뜯어보니, 까무잡잡한 피부에 유난히 하얀 이를 갖고 있었다. 첫눈에 '동남아에서 온 청년이구나.' 하는 생각이 들었다. 큼지막한 링 귀걸이를 하고 파마머리를 빳빳하게 세워 한껏 멋을 낸 모습이다. 공교롭게도 청년의 좌석은 내 옆자리였다.

서글서글한 눈매를 가진 청년은 인도양의 섬나라 스리랑카 태생으로 돈을 벌러 온 외국인 노동자였다 "제 이름은 사둔입니다.

나이는 스물두 살이구요. 육십이 된 어머니가 있습니다." 하고 소상하게 자신이 한국이라는 나라에 오게 된 경위에 대해 이야기했다. 때때로 스마트폰의 메모장에 내가 하는 말들을 적기도 하고 들고 있는 신문을 흘끔대며 읽었다. 글자 하나하나에 힘을 주어 발음하는데 어찌나 정확한지 당나귀 찬물을 건너가듯이 유창했다. 그는 붙임성이 좋아서 종달새처럼 쉴 새 없이 재재거렸다. 잠시의 침묵도 어색해 못 견디겠다는 표정이었다.

현재 충청도의 한 어촌에서 물고기 밥을 주는 일을 한다고 했다. 아마 양식장에서 일을 하는 모양이었다. 사둔에게는 세 살 더 먹은 형이 있는데 일 년 전 먼저 한국에 들어왔다고 한다. 공장 취업 비자를 받아서 일하던 중 동생을 불러들였는데, 어업 비자가 나오는 바람에 형은 경상도에 동생은 충청도에서 살아간다. 석 달에 한 번 사흘의 휴가를 받은 동생이 형을 만나고 어촌으로 돌아가는 길이었다. 3D 업종의 사각지대에서 제 몸을 부려 살아가는 고달픈 사둔의 하루하루가 파노라마처럼 지나갔다. 휴일도 없이 한 달 꼬박 일하고 나서 받는 돈은 백만 원 조금 넘는 액수라고 했다.

이런저런 이야기를 나누다 보니 버스가 대전터미널에 도착했다. 가방을 들어준다며 짐칸을 향해 걸어가는데 그의 큰 키가 휘청거렸다. 점심때가 지나니 허기가 몰려왔다. 터미널 안의 식당이 변변찮기는 했으나 그래도 간단한 요기를 시켜서 보내지 않으면 안 될 것 같았다.

모퉁이 분식점에 들어서니, 모녀가 김밥과 우동을 먹고 있었다. "저거요." 그가 모기처럼 작은 목소리로 말했다. 한국에 와서 처음으로 식당에서 밥을 먹는다면서 신기한 듯 두리번거렸다. 그에게는 모든 것이 새롭고 신기한 눈치였다. 음식을 기다리는 동안 그가 슬그머니 귀걸이를 떼어서 청바지 주머니 속에 구겨 넣었다. 음식이 입에 맞을지 몰라서 걱정했는데, 잘 먹었다. 자식의 입에 밥 들어가는 모습을 지켜보는 어미의 심정으로 그를 지켜보았다. 나도 모르게 멀리 타국에 있는 큰아들 생각을 하고 있었던 것이다. 환경은 조금 다를지 몰라도 우여곡절 끝에 일가를 이루고 사는 아들의 지난한 생을 보는 듯했다.

식당을 나오는데 사둔이 들뜬 목소리로 외쳤다. "아! 한국은 정말 아름다워요. 저에게 꿈이 있어요. 그건요, 한국 아가씨랑 결혼하는 거예요. 그러면 5년 말고 50년도 여기서 살 수 있거든요." 나는 사둔이 꿈을 이루는 것이 쉽지는 않을 것이라고 생각했지만, 꿈이 없는 것보다는 있는 것이 훨씬 낫다는 생각이 들었다. 몇 번의 인사를 나눈 후에 그를 실은 버스가 멀어져갔다. 나는 버스가 나의 시야에서 완전히 사라질 때까지 손을 흔들며 어린 청년 사둔의 앞날이 행복하기를 빌었다.

나의 애장품

나의 애장품 제1호는 아버지께서 써 주신 휘호 한 점이다. 우리 집 현관문을 열고 들어오면 거실 한복판에 붓으로 '영암(寧岩)'이라고 쓴 액자가 걸려 있다. 아버지는 심지가 굳지 못하고 흔들림 많은 딸의 성정을 어찌 아시고 바위처럼 굳건하게 살라고 이런 휘호를 지어 보내셨을까? 그 뜻을 물어본다고 하면서도 묻지 못하고 마음으로만 짐작하고 있을 뿐이다.

아버지는 세 살 때 부친을 잃고 집안일을 돕느라고 소학교만 졸업하셨다. 배움에 목말랐던 소년은 증조부 밑에서 사서삼경과 서예를 익혔다. 그 덕분에 마을의 대소사에 불려 다니며 일필휘지의 필력을 보여주셨다. 주역에도 관심이 많아서 택일이나 작명, 사주를 봐 주시곤 하였다. 소문이 나서 먼 동리에서도 사람들이 찾아오기도 하였다. 그들은 올 때마다 빈손으로 오지 아니

하고 볏짚으로 엮은 달걀 꾸러미나 잡곡 등을 들고 왔다.

초등학교 어느 여름방학, 나는 대청마루에 엎드려 책을 읽고 있었다. 그때 나란히 누워 오침을 즐기시던 부모님의 두런거리는 소리가 들려왔다. "재는 사주에 글월 문(文)이 들어 있어서 글쟁이가 될 거여, 여자가 공부를 많이 하면 팔자가 드세서 못 쓰는데 쯧쯧 쯧…. 혀를 끌끌 차면서 나가셨다. 아버지의 사주풀이가 신통한 영험을 보였던지 그 후 나는 『수필문학』에 당신 생애의 한 토막을 쓴 「설골」이란 작품으로 등단했다. 한 번씩 고향에 내려가면 아버지는 나의 등단작이 실린 『수필문학』 잡지를 늘 옆에 두고 계셨다. "아버지, 글씨가 보이세요?" 하고 여쭈어보면 "내용은 하도 많이 읽어서 다 외우지, 지금은 사진만 봐." 하시며 흡족한 미소를 지으셨다.

재작년 이사 올 때도 나는 아버지가 보내주신 액자를 에어캡으로 싸고 또 수건을 덧입혀 꽁꽁 묶어서 안고 왔다. 요즘이야 이삿짐센터에 맡기면 주인이 손댈 것도 없이 정성껏 포장하고 정리까지 해주지만, 이것만큼은 그렇게 맡기는 일이 내키지 않았기 때문이다. 사람마다 소중히 여기는 물건이 있다. 어떤 친구는 결혼 전 주고받았던 연애편지를 애장품으로 간직하기도 하고 다이아몬드 반지나 저명한 화가의 그림을 자랑하기도 한다. 그것들에 비하면 내가 가진 액자는 경제적인 평가 척도에는 한없이 미치지 못하는 소품에 지나지 않는다.

일전에 논문에 필요한 자료를 찾기 위해서 먼 지역까지 발품을 팔며 다닌 적이 있다. 어떤 이는 학문의 연구를 위해서 기꺼이 자신이 소장한 자료를 내놓기도 하지만 그렇지 않은 경우가 많다. 어떤 이는 자신의 호를 따서 문학관을 건립하고 평생 모은 책과 잡지를 전시하고 자랑하는 것을 기쁨으로 아는 사람도 있었다. 그러나 정작 필요한 사람이 그 책이나 자료를 원할 때는 문전박대했다. 그에게는 책이 필생의 각고 속에 남겨진 애장품이었던 것이다. 그러나 지적 허영이나 만족을 위해서 진열되고 음습한 서고에 유폐된 자료는 아무런 의미도 없다.

한글의 창제 원리가 담겨 있는 『훈민정음해례본』 상주본을 개인의 재산으로 은닉하고 국가를 상대로 돈을 요구하는 수집가도 있다. 그는 상주본이 1조 원의 가치가 있기 때문에 천억 원은 받아야 한다고 주장하고 있다. 그에게 이 문화유산은 소중히 여겨 잘 간수하고 지켜내야 할 정신적인 가치가 아닌 사유재산에 불과할 뿐이다. 김동리의 단편 소설 『무녀도』는 골동품과 서화를 모으느라고 살림이 탁방난 한 집안의 이야기로 시작하고 있다. 예나 지금이나 생활에 여유가 있는 사람들은 고가의 미술품을 투자의 목적으로 사들이고 집안의 가풍을 드높이는 장식품으로 보관하기도 한다.

이제 아버지는 노환으로 거동이 불편하여 휠체어에 의지하여 생활한다. 세 치 혀로 세상을 주무르던 춘추전국시대의 소진과

장의처럼 구변 좋던 옛 모습은 찾아보기 힘들고 말수도 많이 줄었다. 가끔은 딸의 얼굴마저 잊고 “누구신가, 고향이 어디요?” 하고 재차 물으신다. 지난 연말에 석사학위 논문을 보여드리자 아무 소리 안 하시고 만져만 보셨다. 예전처럼 건강하셨다면 얼마나 기뻐하며 응원해주셨을까, 하고 생각하니 가슴이 먹먹하였다.

그해 겨울, 아버지께서 보내주신 휘호는 내 삶의 좌우명이 되었다. 그리고 나태해질 때마다 다시 일어서서 푯대를 향해 나아가게 한다. 오늘도 오가며 액자를 바라본다. 푸른 테두리 흰 바탕의 액자 속에 먹빛으로 흘려 쓴 글월이 불빛 아래 선명하다. “애야, 바위처럼 굳세게 흔들리지 말고 앞만 보고 가거라.” 짱짱한 아버지의 목소리가 들리는 것만 같다.

정란이 언니

내가 어릴 적 우리집 뒷산에는 유난히도 진달래가 많이 피었다. 그 산 입구에는 항상 말끔하게 정리된 산소가 있었다. 이 산은 우리집 산이 아니라 종중의 산이었다. 일 년에 두 번 오촌 당숙이 한식과 시제를 지냈다. 음력 10월의 한 해 동안 정성껏 가꾼 오곡백과를 차려놓고 조상의 은덕을 감사하는 제례였다. 그래서 그런지 한식보다 시제가 더욱 풍성하고 먹을 것도 많았다. 지게에 한가득 정성껏 준비한 음식이 도착하면 우리는 주린 배를 감싸 안은 승냥이처럼 나무숲에 서서 빨리 제사가 끝이 나기를 기다렸다. 둥그런 봉분이 덮어놓은 바가지처럼 정겹고 따스하여 진달래꽃을 꺾다가 지치면 앉아서 쉬기도 하였다. 한 번씩 아버지가 보시면 "얘들아! 봉분에는 절대 올라가지 말아라." 하셨다. 철이 없는 나이였지만, 그런 것쯤은 가르쳐주지 않아도 다

알았다. 어떤 지관이 이렇게 좋은 땅을 묘지로 정했는지, 궁금할 정도로 겨울에도 응달이 없는 그야말로 명당이었다.

어느 봄날, 나는 오빠의 등에 업혀서 진달래꽃을 꺾으러 갔다. 내 나이는 다섯 살이나 먹었을까. 울긋불긋한 포대기 색상까지 기억이 나는 것을 보니 큰오빠나 둘째 오빠의 등이 아니었을까 싶다. 그 당시에는 용천배기*가 진달래꽃 속에 숨어 있다가 사람들을 유혹하여 간을 빼먹는다는 말이 심심찮게 들렸다. "꽃 줄게 온나." 하고 접근하여 아이들의 간을 빼어 먹는데, 특히 어린 아이들의 간이 싱싱해서 좋다는 것이다. 그것도 자그마치 열 개를 먹어야 그 병이 낫는다니, 기괴하고 등골이 오싹해지는 전설의 고향이나 납량 특집극으로 나올 만한 이야기였다.

오빠들은 묘지 앞에 당도하자 나를 황급히 내려놓고 삘기를 뽑아 먹는다고 정신이 없었다. 이따금 실비단처럼 보드라운 삘기를 내 입에 넣어주고, 할미꽃도 따다 주며 잠시만 기다리라고 신신당부했다. 이 산 저 산에 뻐꾸기는 청아하게 울고 봄의 전령사들이 온 산을 뛰어다니며 연분홍 깃발을 꽂고 있었다.

그때, 머리에 나뭇짐을 이고 진달래꽃 한 다발을 손에 든 누군가가 산등성이에서 내려오고 있었다. 그것을 본 오빠들은 용천배기가 간을 빼 먹으러 온 줄 알고 '걸음아, 나 살려라' 하고 도망을 쳤다. 나는 혼자 남아서 온 산이 들썩들썩 울리도록 울었다. 나뭇짐을 내린 정란이 언니의 흐트러진 머릿결 서너 가닥이 눈을 찌르고 있었다. 미간에 수두 자국이 선명한 언니는 "아이고 선희야. 오빠들은 어디 가고 너 혼자냐? 쯧쯧." 하면서 바른 손으로는 나뭇짐을 잡고 왼손으로는 나를 업은 포대기를 받치고 산 밑의 집으로 내려왔다. "외숙모 글쎄유, 애들이 나를 보더니 용천배기다 하고 도망을 갔슈, 애기만 남겨두고 가서 지가 업고 왔지유." 하며 차가운 손으로 나의 볼을 어루만졌다. 정란이 언니는 둘째 고모의 딸이니 나하고는 재종 사촌 간이다. 우리 집에서 어린 시절을 보내고 어머니가 시집을 보냈다고 하는데, 내가 태어나기 전의 일이라서 제대로 알지는 못한다. 어머니가 할머니 댁에서 시집살이를 할 때, 정란이 언니가 외갓집에 왔었다고 한다. 안마당에서 개와 놀던 언니는 얼마나 배를 곯았는지 손을 뒤로 슬며시 뻗어 개밥을 꺼내 먹다 들켰다는 이야기를 몇 번이나 들었다.

언니는 외삼촌댁인 우리집에 잠시 들른다고 산길로 오다가 겨울바람에 말라비틀어진 삭정이를 주워 모아서 이고 왔던 것이다. 진달래가 피는 봄이라고는 하지만 꽃샘 바람살을 등지고 나뭇가지를 줍는 일이 쉽지는 않았을 텐데, 부지런함이 몸에 밴 정란 언니는 그냥 빈손으로 올 수 없었던 것 같다. 제금낸 지 얼마 되지 않은 홀앗이살림에 인사치레를 하기는 해야 되는데 들고 올 것이 없었던 것이다.

재티가 흩날리는 아궁이 앞에 앉아서 정란 언니는 금방 따온

삭정이를 서너 개씩 아궁이에 구겨 넣으며 어머니와 이야기꽃을 피웠다. 시집간 딸이 온 듯 반가움에 들뜬 어머니가 시렁 위 바구니에 고이 모셔 두었던 찹쌀을 꺼내 물에 담그고 나뭇간에서 갓 낳은 따뜻한 달걀을 꺼내오셨다. 아마 새우젓을 곱게 다져 넣은 달걀찜을 했을 것이다. 갑작스레 손님이 오면 찬거리가 마땅치 않아서 단골로 내어놓는 반찬이 달걀찜이었다.

그리고 꽤 많은 세월이 흐른 지난 오월, 친정에 갔다가 정란 언니를 만났다. 입원과 퇴원을 반복하는 아버지의 문병 차 들른 것이다. 붙임성 있는 옛 모습 그대로 곱게 늙은 모습이 둘째 고모를 많이 닮은 것 같았다. 세월의 선물인지, 또박또박 자신의 의견을 냅뜰성 있게 표현하는 언니의 옹골찬 모습이 보기에 좋았다. 어린 시절부터 외갓집에 맡겨졌던 정란 언니가 일가를 이루고 씩씩하게 잘 살아온 것 같아서 마음이 한없이 행복했다.

*용천배기: 한센병의 방언

말 한마디

내가 전에 살았던 아파트의 상가에는 두 개의 미용실이 있었다. 그것도 복도를 사이에 두고 떡하니 마주 보고 있었다. 빙글빙글 돌아가는 미용실의 싸인볼을 보고 생각 없이 들어선 사람들은 어디로 들어가야 하나 하고 순간 고민에 빠질 게 분명했다. 두 주인 모두 대놓고 호객 행위를 하지는 않았지만, 찰나적으로 눈빛이 번개 치듯이 번쩍거렸을 것이다.

그날도 덥실덥실 제멋대로 자란 머리를 자르려고 상가에 들어서니, 금속성의 째진 목소리가 날카롭게 허공을 울렸다. 언제나 생글생글 곰살맞던 나의 단골 미용사와 앞집 미용사가 엉겨 붙어서 한바탕 전쟁을 치르고 있었다. 단골 미용사가 입에 거품을 물고 분기탱천하여 소리를 질렀다.

"그래, 이것아, 나는 산전수전 공중전 화생방전까지 다 겪은 몸이다. 어디서 입을 함부로 놀려, 네가 나 이렇게 사는 데 보태 준 것 있냐." 하며 그악스럽게 퍼붓고 있었다.

알고 보니, 앞집 미용사가 단골 미용사의 개인사를 손님들에게 속속들이 들추어낸 모양이었다. 그 소문이 돌고 돌아 당사자에게까지 들어가서 오늘과 같은 사단이 벌어진 것이다.

싸움의 끝은 참담하였다. 나이도 한참이나 어린 단골 미용사에게 혼쭐난 앞집 미용사는 그 후 나의 단골 미용사를 슬슬 피하더니 어느 날 영영 마을을 떠나버렸다. 하기야 산전수전 공중전의 병법을 다 익힌 단골 미용사가 승리를 거둔 것은 자명한 일이 아니겠는가. 자고이래 말이 많은 사람은 낭패를 당하기 쉽다. 여성을 억압하던 칠거지악(七去之惡) 속에도 수다스러운 여자는 내쫓아도 좋다는 기록이 적혀 있으니 말이다.

어릴 때 기억을 떠올려 보면, 약방의 감초처럼 무슨 일이든지 참견을 잘하는 아주머니가 있었다. 식전 댓바람부터 식식거리며 이 집 저 집 대문을 두드리면, 영락없이 그 재재보살 아주머니였다. 서너 명의 아낙네들이 남정네들의 눈을 피해 종주먹을 들이대며 무릎맞춤을 하는 날은 온 동네가 벌집을 쑤셔놓은 듯 소란스러웠다.

학창 시절에 즐겨 불렀던 「솔개」라는 노래가 생각난다. '우리는 말 안 하고 살 수가 없나, 날으는 솔개처럼….' 이런 가사였다. 인간은 새처럼 말을 아니 하고는 살 수 없는 존재이니, 그것이 문제다. 깊은 산중에서 묵언 수행하는 수도승도 아니고, 많은 사람을 만나고 부대끼며 살아야 하니 말 때문에 빚어지는 활극은 피할 수 없는 인간사의 숙명이 아닌가 싶다.

『명심보감』의 정기편(正己篇)에 보면, '입과 혀는 화와 근심을 불러일으키는 문이고 몸을 망치는 도끼와 같다.'고 경고하고 있다. 말 한마디의 실수로 공들여 쌓은 인간관계와 신뢰가 한순간에 무너져 버리는 사람들을 심심찮게 만나게 된다.

소설가 황순원의 『별』이라는 소설을 보면 동네 과수댁이 무심코 던진 말 한마디가 가슴에 박혀 아무 죄도 없는 누이를 미워하는 소년의 이야기가 나온다.

말은 그 사람의 인격이다. 사려가 깊고 따스한 배려가 담긴 말은 사람을 끄는 힘이 있다. 반대로 입만 열면 거친 말과 욕설이 튀어나오는 사람을 만나면, 다시 한번 얼굴을 쳐다보게 된다. 말하는 태도만 봐도 그가 어떤 품격을 소유한 사람인가를 알게 된다.

중국 전국 시대에 세 치 혀로 천하를 주물렀던 소진과 장의는 재갈꾼이요, 모사꾼이었을 뿐 덕이 있는 사람은 아니었다.

나는 무장공자(無腸公子)처럼 소심하고 겁이 많아서 남의 입질에 오르내리는 일이 두렵다. 그래서 '좋은 말이 아니면 하지 말자.'고 다짐하며 자식들에게도 그렇게 훈육하고 있다. 이렇게 마음을 다지고 살아도 사소한 말 한마디 때문에 마음이 힘들고 괴

로울 때가 있다. 신라 경문왕 때의 복두쟁이가 대나무 숲에 가서 '임금님 귀는 당나귀 귀' 하고 소리쳤다는 이야기가 십분 이해가 된다. 말이 많으면 실수가 많고 그 말에 대한 책임은 온전히 나의 것이다.

"신이시여! 내 입술에 파수꾼을 세우시고 내 입술의 말을 지켜주소서."

따스함에 대하여

'여름 볕도 쬐다 나면 섭섭하다.'는 말이 있다. 입추가 지나고 나니 조석으로 서늘하다. 오늘 저녁에는 냉기가 방바닥으로부터 스멀스멀 기어오른다. 내가 자리에 눕자마자 기다렸다는 듯이 강아지 페리도 얼른 따라 눕는다. 얼마나 눕기를 좋아하는지 바닥만 보이면 궁둥이를 갖다 댄다. 곱슬곱슬한 황금색 털이 내 몸에 닿자마자 따스한 느낌이 금세 전해온다. 그것은 살아서 피가 돌고 있는 생명만이 가지고 있는 따스함이다.

페리가 우리집에 오기 전에 유기견 한 마리를 키운 적이 있었다. 흰색 말티즈로 내가 붙여준 이름은 미미였다. 함께 보낸 시간이 자그마치 7년, 처음 본 미미의 몸은 피부의 염증으로 몸을 털 때마다 하얀 각질이 뚝뚝 떨어졌다. 게다가 똥과 오줌을 가리지 못하고 곁에 가기만 해도 달려들어 물었다. '나는 절대로 너희 인간들에게 길들여지지 않는다.'는 표정이었다. 사람에게 받은 상처가 그를 포효하는 맹수처럼 만든 것이 아닌가 싶었다. 세상이 참 좁다고 하더니, 집에서 가까운 동물병원에 갔더니 수의사는 미미를 잘 알고 있었다. 주인이 누구이며 피부병을 앓고 있고, 똥을 못 가린다고 사흘에 한 번씩 밥을 줬다는 사실도 알게 되었다. 진료 차트에 적힌 원래 이름은 '엔젤'이었다. 친절이 몸에 밴 수의사는 "전 주인의 전화번호를 가르쳐 드릴까요?" 하고 물었다. 나는 고개를 가로저으며 가엾은 미미를 안고 동물병원을 나왔다.

예상대로 진료비는 의료보험이 적용되지 않는 관계로 꽤나 비쌌다. 눈물이 나오려고 했다. 눈 한 번 딱 감고 외면하면 될 것을 그러지 못한, 쓸데없는 연민에 대한 회의감이었을까. 염려대로 피부염은 세상을 떠나는 날까지 미미를 괴롭혔다. 게다가 유방에 혹이 나는 바람에 제거 수술까지 했다. 마지막에는 녹내장으로 눈이 보이지 않았다. 생로병사의 고통이 인간이 아닌 짐승에게도 동일하게 적용되었다. 생명이 있는 것들의 마지막을 지켜본다는 것은 그리 유쾌한 일이 아니었다.

미미가 떠날 시간이 뽀작뽀작 다가오고 있었다. 가기 전에 마지막으로 털을 자르고 목욕을 시켰다. 그리고 평소에 먹고 싶어 했던 고기를 먹이고 싶은 마음에 닭 한 마리를 사 왔다. 압력솥에서 '칙칙칙' 소리가 나고 향긋한 고기 냄새가 나자 녀석은 모처럼 보이지도 않는 눈을 말똥거리며 생의 감각을 느끼는 듯했다. "흠흠, 이게 무슨 냄새더라 오늘이 무슨 날이지, 주인님이 내게 손수 고기를 주다니. 천지가 개벽할 일이야." 하고 흔감한 표정으로 제 밥그릇에 수북하게 담긴 살코기를 맛있게 먹었다. 목에서는 가래 끓는 소리가 여전했다. 숨을 몰아쉬는 모습을 보니 '사람이나 개나 갈 때는 비슷하구나' 하는 생각이 들었다.

그날 저녁은 시내에서 모임이 있었다. 마음이 불안하여 밥도 먹는 둥 마는 둥 집에 돌아왔다. 아픈 몸을 이끌고 "흐으응 흐으흥" 하며 제 존재를 증명하던 신음소리도 사라지고 집은 고요했다. 미미의 몸은 벌써 차갑게 식어 있었다. 그때, 나는 생명의 있고 없음은 따스한 온기로 측정된다는 것을 냉엄하게 깨달았다. 죽음의 무게는 짐승이나 사람이나 별반 다르지 않다는 것도 말이다.

살과 살이 닿는다는 것은
참 좋은 일이다
가령
손녀가 할아버지 등을 긁어 준다든지
갓난애가 어머니의 젖꼭지를 빤다든지
할머니가 손자 엉덩이를 툭 친다든지 (중략)

이쪽 사람과 위쪽 사람이
악수를 오래 한다든지, 어찌됐든

살과 살이 닿는다는 것은
참 참 좋은 일이다.

뇌성마비 장애를 안고 평생을 힘겹게 살면서도 시심을 잃지 않았던 이선관 시인의 시이다. 닿을 수 없는 그리움을 가슴에 담고 살아온 시인의 생애는 또 얼마나 살뜰한 온기가 필요했을까.

나이가 조금 들었다고 따뜻한 음식이 좋아진다. 한여름에도 냉면 같은 차가운 음식보다 따끈한 국물 요리를 찾게 된다. 인간관계에서도 칼로 무 자르듯 냉철하고 합리적인 사람보다는 좀 모자란 듯 보여도 마음이 여유롭고 따스한 사람들을 가까이하고 싶다. 처음 보는 사람인데도 몇 마디 나누다 보면 '이 사람은 성품이 참 온유하구나." 하는 느낌이 오는 사람이 있다. 그런 사람의 십중팔구는 따스한 마음을 지닌 사람이다. 마음이나 태도가 부드럽고 다정한 사람을 그 누가 싫어한단 말인가.

지난여름 경북 봉화와 충청 지역은 갑자기 내린 폭우 때문에 많은 사람이 삶의 터전을 잃고 수재민이 되었다. 사망, 실종자가 36명이나 되었는데 수마가 할퀴고 간 처참한 현장에는 전국에서 몰려온 자원봉사자들의 따스한 온정의 손길이 줄을 이었다. 갑자기 닥친 재난 앞에서 넋이 나간 수재민들을 다시 일으켜 세운 것은 고통을 함께 나누려고 달려온 사람들이었다. 어떤 절망적인 현실이 우리를 가로막는다고 해도 사람 안에 있는 따스한 마음이 '희망'의 꽃을 피워낸다는 생각이 들었다.

‘온유한 사람은 복이 있나니, 그들이 땅을 기업으로 받을 것이다.’라는 성서의 한 구절도 있다. 하느님도 강하고 힘 있는 부자가 아니라, 부드럽고 온화한 사람에게 복을 준다는 말이 새삼 감격스럽다.

정지미의 측백나무

나는 영화에 조예가 깊지는 않지만, 좋은 작품은 빼놓지 않고 보려고 애쓰는 편이다. 꽤 오래전에 보았던 거장 타르코프스키 감독의 영화 「희생」은 난해하여 이해가 쉽지 않았다. 그만큼 깊은 사유를 요구하는 여운이 남는 영화였다. 영화의 내용을 살펴보면, 주인공 알렉산더가 실어증을 앓고 있는 아들에게 "아들아, 너의 온 마음을 담는다면 죽은 나무도 꽃을 피운단다." 하고 해변에 죽은 나무를 심는 모습이 인상적이었다.

내 고향 땅, 마을 어귀에는 오래된 측백나무 한 그루가 서 있다. 그 측백나무는 이미 고사되어 푸른 잎 한 장 내지 못하는 고목이다. 마을 사람들은 그 나무에 신령한 기운이 서려 있다고 믿어 천연기념물처럼 귀하게 여겼다. 동물이든 식물이든 생명이 있는 것들은 쇠잔하여 언젠가는 소멸하게 마련이다. 측백나무가 옛 사람들로부터 사랑을 받은 이유는 사시사철 그늘을 주고 푸른 기개와 지조로 마을을 지켜주는 보호수 역할을 톡톡히 해냈기 때문이다. 측백나무는 예로부터 신선이 되게 하는 나무라고 해서 신성하게 여겼다. 향기로운 측백의 잎이나 열매를 먹으면 늙지 않고 장수한다고 하여 정원수로 사랑을 받았다.

조선 중종 때 공조참판을 지낸 정윤표라는 어르신이 벼슬을 그만두고 낙향을 하였다고 한다. 그분은 학식과 인품을 겸비한 분으로 우리 진주 정씨 가문의 자랑거리였다. 아버지가 그 어른의 13대손이니 나는 14대의 후손이 되는 셈이다. 그분이 집 앞에 심은 측백나무 한 그루와 은행나무는 금세 마을의 큰 정자를 이루었다. 그때부터 사람들은 '정자마을'이라고 이름을 짓고 그 밑에 있는 마을이라는 의미로 '정지미'라고 불렀다.

은행나무는 구한말에 김모 씨가 베어내어 가구를 만드는 바람에 흔적도 없이 사라졌고, 측백나무는 삼백여 년을 살다가 그 수명이 다하여 고사되었다. 세월이 얼마나 흘렀을까, 이 집터에 살던 사람이 땔감으로 쓰려고 도끼질을 하다가 그만 벌을 받아 비명횡사를 당하는 사건이 일어났다. 나무에게도 서슬 퍼런 노기가 숨어 있었다니, 그 노여움은 삼백여 년을 살아오면서 겪은 신산한 세월의 풍상과 한이 아니었을까. 그 기이함에 놀란 마을 사람들이 십시일반 돈을 모아 제를 올리고 비석을 세웠다. 정지미 사람들과 희로애락을 함께 나눈 측백나무는 지금도 당당하게 서서 마을을 지키고 있다.

나는 어릴 적 측백나무 곁을 지날 때마다 이상한 소리가 들리는 것 같아서 가던 길을 멈춰 서곤 하였다. 나무를 안고 귀 기울여 들어보면, 눈보라를 뚫고 말을 달리는 무사의 채찍 소리가 들리는 듯했다. 그 위엄이 넘치는 기상은 매서운 날씨 속에서도 결기를 드러내고 서 있는 살아 있는 나무처럼 의연해 보였다.

오늘 고향에 와서 다시 보니, 올망졸망한 어린 측백나무를 자식처럼 거느리고 푸른 대나무와 어우러져 마을을 수호하고 있다. 먹빛의 고사목에 축대를 쌓고 비석을 세우며, 그 뿌리를 잊지 않으려고 노력했던 정지미의 사람들, 그 범부(凡夫)의 노력이 눈물겹지 않을 수 없다.

방 청소를 하다가 아버지의 서랍 안에서 '정지미의 측백나무'에 대한 글을 무더기로 발견했다. 지난번 아버지의 생신날, 우리들이 모인 자리에서 한번 읽어보라고 내놓았던 그 복사본이었다. 아버지는 측백나무의 뿌리가 곧 우리 진주 정씨의 뿌리임을 상기시키고 싶었던 것은 아닐까. "이놈들아, 너희들에게도 이런 훌륭한 조상이 있으니, 객지에서 기죽지 말고 씩씩하고 당당하게 살아야 하느니라." 하고 힘을 주려던 게 분명하다. 아버지가 족보를 그렇게 소중하게 끌어안고 살아온 것도 사람답게 사는 길을 그 뿌리에서 찾기 위함이 아니었을까 싶다. 이제 아버지도 늙어서 당신의 몸 하나를 제대로 건사하지 못하는 처지에 있다. 아버지의 생애가 군자의 도에 미치지는 못했을지언정 그리 가볍지 않았음을 영험한 측백나무는 알고 있을 것이다.

옛 선현들은 벼슬을 하직하고 고향에 돌아오면 나무를 심고 그 속에서 자연의 섭리와 이치를 깨닫고자 노력했다. 중국의 전설에 나오는 적송자는 측백나무 씨를 먹고 이가 다시 살아나서 신선이 되었다고 한다. 그래서 한나라를 통일한 일등 공신 장량이 "원하건대 나는 이제 적송자를 좇아서 놀겠노라.' 하며 은퇴를 선언했다는 일화가 전해지고 있다.

나는 언제나 정윤표 어른처럼 고향에 돌아와서 저 굳센 측백나무를 보며 살아갈까? 과연 그런 날이 오기나 할는지 모르겠다.

4

담쟁이처럼

몸값

좋은 일은 쉬이 잊히지만, 나쁜 일은 두고두고 생각나는 법이다. 작년 겨울 집 근처 번개시장에서 목격한 일이다. 일요일마다 우리 동네에는 번개시장이 열린다. 말 그대로 번갯불에 콩 구워 먹듯이 '번쩍' 하고 짧은 시간 동안 열렸다가 금세 끝이 나는 반짝 시장이다. 새벽 여섯 시쯤 시작되어 아침 아홉 시가 조금 넘으면 남아 있는 물건을 치켜들고 떨이를 외치는 장꾼들의 목소리가 여기저기서 이구동성으로 메아리친다.

삼십여 년 전 마산 근처의 바다에서 잡아 온 생선을 싸게 팔면서 형성된 시장인데, 이젠 야채와 과일 생필품에 이르기까지 없는 것 빼고는 다 있는 꽤 이름난 시장으로 사랑받고 있다. 이젠 고인이 된 마산의 시인 이선관은 「없다」라는 제목의 시에서 '번개시장에는 번개가 없고 붕어빵에는 붕어가 없다'고 노래하기도 했다.

일요일 아침이면, 어디서 그렇게 많은 사람이 한꺼번에 쏟아져 나오는지 옆 사람끼리 어깨를 부딪치는 일이 다반사요, 더러는 발이 밟혀 얼굴을 찌푸리기도 하지만, 시비를 거는 사람은 없다. 멋모르고 차를 끌고 시장 안에 들어왔다가는 꼼짝없이 갇힌 신세가 된다. 정해진 시간 안에 후다닥 팔아치우고 번개처럼 사라지는 장꾼들은 우리도 이문을 좀 남겨야 않느냐고 볼멘소리로 울상을 짓기도 하지만, 늘 섭섭지 않게 덤을 얹어 준다. 사람들은 조금 더 싸게 사려고 악다구니를 부리다가도 기름이 번질거리는 어묵을 입에 물고 집으로 돌아간다. 이처럼 번개시장은 펄펄 살아서 함지박을 뛰쳐나온 활어처럼 생기가 넘친다.

그날도 나는 과일 파는 난전을 지나 두부 파는 골목을 지나치고 있었다. 딱히 살 물건이 있는 것도 아니고 장 구경이나 하다가 갈치나 몇 마리 사야겠다고 생각하고 있었다. 난전에도 암묵적으로 정해진 자리가 있어서 아무나 앉아서 장사를 할 수 없는 모양이었다. 떡집 골목에는 약초를 파는 사내가 "어성초는 어혈도 풀어주고 고혈압에도 좋고 아토피에 최곱니더." 하면서 흥정을 한다. 종종 스님들의 탁발 광경과 전도를 나온 인근 교회의 커피도 얻어 마실 수 있는 시장은 사람살이의 참모습을 가감 없이 보여주는 장소가 아닌가 싶다.

은행 입구를 살짝 돌아 나오는데, 배가 남산만 한 사내가 왕

지네 마당에 씨암탉걸음으로 앞서 걷고 있는 청년의 다리를 걸었다. 순식간에 벌어진 일이라서 손 쓸 틈도 없이 청년이 손수레와 함께 폭 고꾸라지자 사내는 멱살을 잡고 뺨을 후려치기 시작했다. 눈이 휘둥그레진 사람들이 삽시간에 꾸역꾸역 몰려들었다. 속수무책으로 맞고 있는 청년은 오종종한 얼굴에 유난히도 키가 작았는데 나도 안면이 있는 사람이었다.

어제도 '총각 네 야채가게' 앞에서 그를 보았다. 그는 상가나 주택가를 돌며 종이 상자를 줍거나 병을 모아서 수레에 싣곤 하였다. 동네 사람들은 그가 좀 모자라긴 해도, 심성이 착하고 인사성도 바르다고 칭찬을 아끼지 않았다. 날건달처럼 생긴 사내가 "야아, 이 새꺄, 네 몸뚱아리를 팔아도 못 사는 비싼 차야, 이 버러지 같은 놈이 새 차를 흠집을 내고 지랄이야."라고 말했다.

수레에 긁혔다는 차는 얼룩이 묻은 것처럼 희미해서 살살 문지르면 감쪽같이 없어질 듯 양호했다. 온전치 못한 사람이니 한 번만 봐주라는 주위의 만류에도 사내는 차의 수리비만큼 실컷 두들겨 패줘야 한다며 악을 썼다. 이마에 송곳을 박아도 진물 한 점 나오지 않을 만큼 냉혹해 보였다. 청년이 고개를 땅에 박고 손이 발이 되도록 빌고 또 빌었다. 잠시 후 사내의 구둣발이 청년의 무릎을 강타했고 그는 쓰러져 뙤약볕에 버둥거리는 지렁이처럼 꿈틀거렸다.

"꺼져라 새꺄, 꼴도 보기 싫다. 내 눈에 띄면 그땐 초주검 당할 줄 알아." 하면서 사내는 바닥에 침을 뱉고 청년의 몸값보다 비싸다는 차를 모시고 시내 쪽으로 유유히 사라졌다. 청년은 잠에서 막 깨어난 사람처럼 부스스 일어나 머리를 매만지더니 먼지를 탁탁 털고 수레를 끌기 시작했다. 파장을 앞둔 거리는 빈 과일 상자가 가을 낟가리처럼 차곡차곡 쌓여 있었다. 그의 손이 피아노의 건반을 두드리듯 빠르고 경쾌하게 움직였다. 아침 해가 건너편 빌딩 옥상에 발갛게 떠오르고 있었다.

그리운 산밭

'미친년 볼기짝만 하다.'라는 말은 어릴 적에 어머니가 자주 쓰던 말이다. 말의 뉘앙스로 봐서 욕은 아닌 것 같고 형편없이 작은 것을 낮잡아 이르는 말인 듯하다. 처음에 들었을 때는 어찌나 웃음이 나오던지, 나 혼자 있을 때면 입속으로 "미친년 볼기짝" 하고 되뇌기도 했다. 어머니는 아침에 일어나면 가장 먼저 앞산인 '안산'의 날망부터 살피는 게 버릇이었다.

아침부터 추적거리며 비가 오면 그날 비는 쉽게 그친다든가, 동풍이 불면 비가 올 징조라든가 하늘이나 구름의 모양을 보고도 하루의 날씨를 읽어냈다. '안산'은 마을 안쪽으로 포옥 안긴 형상이라서 '안산'이라고 불렀다.

원래 그 산은 큰댁의 소유였는데 잠시 빌려서 사용한 것이었다. 처음 산을 개간할 때, 설골에 사는 훈장의 마나님이 머리를 풀어헤치고 사색이 되어 달려왔다는 이야기는 하도 많이 들어서 귀에 딱지가 앉을 정도다. "아이고 이 사람들아, 땅 너무 깊게 파지 말게나, 우리 막둥이 아들을 거기 묻었는데…. 어쩌면 좋아, 아이고 내 새끼야" 하며 땅바닥에 주저앉아 통곡을 했다고 한다. 유아 사망률이 높았던 시절이었다. 애장터도 변변치 않았던 그 시절에는 야트막한 앞산 뒷산이 아기들의 무덤이었다. 그런 날이면 까마귀는 떼를 지어 까악거리며 온종일 짖어댔다. "저녀리 까그매가 재수 없이 짖어대는 걸 보니 또 누구네 악상을 당하나 보구먼." 어머니는 누가 일러준 것도 아닌데, 까마귀의 울음소리를 듣고도 용케 잘 알아맞혔다.

어머니는 아침을 먹은 후 마루에 앉아 있는 아버지를 향해서 "미친년 볼기짝만 한 산밭에 혼자 가면 되지 꼭 동부인 하고 가야 한단 말여, 나도 오늘 할 일이 태산이여" 하고 멱구리를 들고 마당으로 나갔다. 한창 바쁠 때 농촌의 일은 하루를 물리면 열흘이 갔다. 이렇게 눈코 뜰 새 없이 바쁜데 산밭에 김을 매러 가자는 것이 마뜩잖은 모양이었다.

어머니는 여우볕에 콩 볶아 먹듯이 민첩하게 일을 잘하기로 소문이 자자했다. 동네 아낙들은 어머니의 몸이 가볍고 걸음걸이가 하도 빨라서 발이 땅바닥에 닿지 않는다고 수군거렸다. 밤나무가 빽빽이 들어선 안산에는 유난스레 옻나무가 많았다. 어머니는 실눈을 뜨고 그 옻나무 곁을 급하게 지나갔다. 옻나무를 쳐다만 보아도 옻이 오른다고 성화였다. 옻나무의 이파리는 한여름에도 곱게 물이 들어서 가을이 온 것 같았다.

아버지는 일이 끝나면, 안산에서 나무를 긁어서 지게에 지고 오셨다. 소나무가 우거진 숲은 솔가리의 천지였다. 끝이 바늘처럼 날카롭던 솔잎 속에는 바람이 몰고 온 옻나무의 잎이 몇 장씩 들어 있어서 어머니를 성가시게 했다. 사타구니부터 시작한 옻이 온몸에 옮겨붙은 불기운처럼 격렬하게 타오르고 있었다. 그러면 아버지는 닭장에 가서 튼실한 닭 한 마리를 미련 없이 잡아왔다. 마당가에는 어김없이 양은솥이 걸리고 솔가리에 불을 붙이면 사르륵거리며 유순하게 잘도 탔다. 노란 기름이 엉기는 닭국물을 세숫대야에 담고 어머니는 뜰 안의 그늘에 앉아서 온몸에 닭 국물을 발랐다. 닭다리는 뜯고 국물은 바르고 대엿새가 지나면 언제 그랬냐는 듯이 살결은 꾸덕꾸덕해지며 백옥 같은 살결로 돌아왔다.

어머니의 속살은 우윳빛처럼 고왔다. 농투성이 아내의 속살치고는 나무랄 데 없는 몸빛이었다. 가려운 기가 한소끔 가라앉자 어머니가 구시렁거렸다. "미친년 볼기짝만 한 산밭 때문에 내 명에 못 산다닝께, 나는 이제 그 밭에 얼씬도 안 할라니께 당신 혼자 허여." 아버지와 동갑내기인 어머니는 기분이 좋을 때에만 아버지에게 존댓말을 했다. 아버지는 대답 대신 베등거리 쌈지에서 새마을 담배를 한 개비 꺼내서 길게 들이마셨다. 뽀얀 연기가 아버지의 숱 많은 콧구멍에서 흘러나왔다.

우리 집에는 산밭이 하나 더 있었다. 목화를 심은 둥구산 꼭대기의 산밭 역시 작고 볼품이 없었다. 붉은빛이 감도는 황토 흙을 먹고 목화는 잘 자랐다. 한여름에 피어나는 백색의 목화 꽃은 기품 있는 여인의 얼굴처럼 순전하고 소박했다. 꽃이 지고 나면 호두알처럼 생긴 푸른 알맹이가 달달한 과즙을 뿜어냈다. 먹을 것이 없던 여름날, 그 목화 다래는 우리의 간식거리였다. 그러나 그 풋열매를 아무리 따서 먹어도 우리의 허기를 채우지는 못했다. 다복솔이 총총 서 있는 산밭에서 신작로를 바라보노라면, 흙먼지를 날리며 읍내 행 버스가 지나가고 있었다. 나는 도회지에 나가서 사는 꿈을 꾸었다. '그곳의 학교로 전학을 가면 정말 새로운 사람으로 다시 태어나는 거야, 나는 무엇이든 열심히 할 테야.' 하고 굳게 다짐을 하기도 했다.

늦가을이 되면 어머니는 익어서 터진 목화 열매에서 양떼구름 같은 하얀 솜을 거두었다. 그 몽실몽실한 솜털은 어찌 보면 솜사탕 같기도 하고 흰 눈송이 같기도 했다. 얼굴에 비비면 솜털은 한없이 부드럽고 간지러워서 기침이 나왔다.

"네게 목화 솜이불을 못 해준 것이 지금도 마음에 걸리는구나." 시집온 지 삼십 년이 더 지났건만, 어머니는 아직도 그 미안함을 내려놓지 못하셨다.

이제 미친년 볼기짝만 한 산밭도 없어지고 목화꽃은 구경하기도 어렵다. 그러나 이슬이 바짓가랑이를 적시는 산길에 접어들면 옥반에 진주 구르듯 청아하게 울던 꾀꼬리 소리는 잊히지 않고 내 가슴에 살아 있다.

대청봉 가는 길

비가 창문을 때리는 소리에 놀라서 벌떡 일어나 시계를 보니 아직 어둑한 오경이다.

싸늘한 여닫이를 열어보니 비가 아니라 계곡에서 흘러오는 우렁찬 오색골짜기의 물소리다. 내설악의 새벽은 계곡의 왈왈거리는 물소리와 함께 시작되었다. 방 안을 둘러보니 모두 피곤에 지쳐서 잠이 들고 나만 홀로 깨어있다. 낯선 곳에서 네 시간이나 잤으니 고마운 일이다. 성서에 보면, 신은 사랑하는 자에게 잠을 주신다고 하건만 밖에만 나오면 도무지 잠이 오지 않으니 여행이라면 지레 겁부터 날 지경이다.

설악산의 최고봉인 대청봉에 오르고자 마음을 먹고 왔으나, 당일치기는 힘이 들어서 안 된다는 주위 산꾼들의 충고를 듣고 할 수 없이 일정을 변경해야 했다. 백담사에서 출발하여 봉정암을 거쳐서 오세암으로 가기로 하고 용대리 주차장으로 향했다.

오전 일곱 시 삼십 분, 삼삼오오 떼를 지어 나타난 등산객으로 셔틀버스가 꽉 찼다. 창밖을 보니 단풍나무 숲이 붉다 못해 핏빛으로 물들고 있었다. 말도 많고 탈도 많았던 백담사 마당을 기웃거리며 신발 끈을 고쳐 맸다. 시간이 빠듯해서 추색이 짙은 대웅전도 만해 기념관도 보지 못하고 다음을 기약했다. 단풍나무 숲에 들어서자, 만해 한용운의 시 「님의 침묵」 한 소절이 떠오른다.

> 님은 갔습니다/ 아아 사랑하는 나의 님은 갔습니다/ 푸른 산빛을 깨치고 단풍나무 숲을 향하여/ 난 작은 길을 걸어서 차마 떨치고 갔습니다

이 시가 백담사 수행 시절에 나왔으니 저 단풍나무 숲이 배경이 되었으리라 추측해본다. 수렴동 계곡에서 봉정암까지는 자그마치 구 킬로미터다. 피난민의 행렬을 연상시키듯 무거운 배낭을 지고 하산하는 사람들과 올라가는 사람들이 인산인해를 이룬다. 마주 오는 사람들의 얼굴이 흙빛이다. 봉정암에서 하룻밤 유숙하고 대청봉에 갔다가 오는 길이라는 것을 굳이 말하지 않아도 알 것 같다.

작고 아담한 절 영시암에서 잠시 목을 축이고 다시 길을 떠났다. 군데군데 피어난 단풍나무에 마음을 빼앗겨서 걸음이 더욱 느려진다. 선경(仙境)이 따로 없다. 여기가 무릉인데, 어딜 가서

무릉도원을 찾겠는가! 물소리가 웅장한 구곡담 계곡에 들어서니 쌍룡폭포가 옥계청류를 쏟아내고 있다. 저 옥색의 물에 몸을 담그면 신선이 될 것만 같다. 눈을 들어 옆을 보니 거대한 바위들이 훤칠한 용모를 드러내고 서 있다. 그중에서도 하늘을 찌를 듯이 용맹하게 서 있는 용아장성(龍牙長城)의 준수한 모습에 반하지 않을 이가 있으랴? 용의 송곳니처럼 날카로운 20여 개의 암봉으로 이루어져 큰 성처럼 빛나는 설악의 능선이다. 해마다 사람들의 목숨을 앗아가는 봉우리로 수렴동 계곡에서 봉정암에 이르기까지 금강석처럼 반짝이며 뭇사람들의 애간장을 녹신녹신 녹인다.

버둥버둥 달팽이걸음으로 걷고 있는데 한참 앞서가던 인솔자가 "이제 봉정암까지 오백 미터밖에 남지 않았습니다. 힘을 내세요." 하고 소리친다. 바위가 뾰족뾰족 치솟은 저 험한 길을 봉정암 스님들은 아무 일도 아니라는 듯 수시로 오가고 있다. 목이 마르고 입에는 버캐가 끼며 스틱을 잡은 왼손에 통증이 오기 시작했다. 다리까지 풀리고 주저앉고 싶을 만큼 힘이 든다. 언제 단 한 번이라도 산이 쉬운 적이 있었던가. 오르막을 지나면 바윗길, 된비알을 지나면 또다시 가파른 내리막이 이어진다. 마음을 비우고 걷다 보니 바자울이 쳐진 초가집에 들어선 듯 소박한 봉정암이 눈앞에 서서 우리를 반긴다. 산에 오르면 다들 욕심이 부엉이 같다. 동행한 친구들이 고작 오리밖에 남지 않은 대청봉을 못 보고 가면 평생 한이 된다고 바람을 잡는다. 다섯 살 동자승의 전설로 유명한 오세암을 포기하고 지옥의 아수라도를 향하여 발걸음을 옮겼다. 소청봉을 지나 허연 운무가 울울차게 드리워진 대청봉 꼭대기에 오르자 지나온 길이 파노라마처럼 스쳐 지나가고 감동이 물 끓듯 넘쳐온다.

붉은 정상 표지석에 기대어 사진을 찍는데 상허 이태준이 쓴 「산」에 대해 글이 생각난다. '산, 그는 산에만 있지 않았다. 평지에도 도시에도 얼마든지 있었다. 나를 가끔 외롭게 하고 슬프게 하고 힘들게 하는 모든 것은 일종의 산이다.' 그러고 보면, 우리는 산을 좋아하든 안 하든 산을 떠나서는 살지 못하는 인생들이다.

칠흑 같은 어둠에 휩싸인 오색 약수터를 엉금엉금 기어서 내려오니 밤 아홉 시가 넘은 시간이었다. 그물에 걸린 고기처럼 숨가쁜 하루였지만, 쉽게 잊히지 않을 추억의 산행이었다.

물 먹는 논

저녁노을이 바지랑대 끝에 걸릴 때까지 아버지는 마당가를 어슬렁거렸다. 땅에 대꼬챙이로 무언가를 쓰다가 그리다가 지루한 시간을 버티고 있었다. 성치 않은 몸으로 들방석에 걸터앉아 "시방 몇 시여" 하고 초조하게 물으셨다. 황새목을 빼어 두리번거리지만, 길에는 개미 새끼 한 마리 얼씬거리지 않았다.

수돗가의 분꽃이 톡톡 눈을 뜨고 저녁 어스름이 땅 밑에 자옥하게 깔린 후에야 트럭 한 대가 마당 한가운데 멈추어 섰다. 창이 너른 모자를 쓴 마을의 주민이었다. 나는 엊그제 아버지의 퇴원 소식을 듣고 부랴부랴 친정집에 와 있었다. 팔순을 넘긴 아버지는 세 가지나 되는 병이 한꺼번에 겹쳐서 오 개월 동안 투병생활을 했다.

아버지는 어제 아침부터 전화통을 붙잡고 전전긍긍이었다. 어디론가 전화를 걸고 또 걸었지만, 상대가 전화를 받지 않는 모양이었다. 나는 큰오빠에게 전화를 걸어 전후 사정을 설명했다. 어렵사리 통화가 되고 약속 시간이 잡혔으나, 농촌의 오뉴월은 고양이 손을 빌려야 할 만큼 바빴다.

바야흐로 유월 중순, 평소 같으면 모내기가 끝나고도 한창 지날 시기였다. 작년 가을부터 시작된 가뭄이 겨울을 지나 초여름까지 계속되고 있었다. 가뭄이 들면, 우리 마을은 한 대의 공동 양수기로 지하수를 퍼내어 모내기를 했다. 집 앞뒤 이웃들의 논은 모내기가 끝이 나고 아기 모가 제법 자라서 푸른 들판을 이루고 있었다. 그런데 마을 한가운데 누워 있는 우리 논만 거북이 등짝처럼 갈라지고 독사풀이 무성했다. 밤이 되면 어디서 나타났는지 알 수 없는 개구리 떼가 기를 쓰고 동네가 떠나갈 듯 울어댔다.

외양간에 매인 백구가 죽을 듯이 짖어대는 소리를 들은 아버지가 반사적으로 몸을 일으켰다. 긴장한 탓인지 늘어진 눈꺼풀이 살짝 세 번이나 움찔거리는 것이 보였다. 지팡이에 힘을 주고 일어서는데 순간 다리가 쓰러질 듯 후들거렸다. 잠시 침묵이 흐르고 아버지가 큰 결심을 한 듯 숨을 내어 쉬며 말을 꺼냈다.

"우 우리 집두 지하수 좀 주유, 우리 논만 모내기를 못 허구 있으니 워칙헌데유? 그 그저 지송하고 미안허유. 늙은 것이 정신이 없어서 술김에 한 말이 화근이 되었구먼유. 맴이 상혔다문 다

풀고 물 좀 주유.” 아버지는 머리를 조아리며 연신 고개를 주억거렸다. 목소리가 얼마나 떨리는지 이제 막 짐을 싸고 이사 나간 방에서 울리는 소리처럼 적막했다. “작년에 영감님이 우덜 집은 이제 물이 필요 없다고 했잖유? 으음 그래서….” 상대방도 무엇인가 할 말이 더 남아 있는 듯했고, 충분히 이해가 되는 순간이었다. 내가 무슨 말인가를 꺼내려고 하자, 아버지는 손사래를 치며 눈을 찡긋했다. 가만히 있으라는 신호였다.

파킨슨병으로 인지 장애를 앓고 있는 아버지는 몇 년 전부터 정신이 오락가락하고 있었던 것이다. 그간의 오해를 풀고 서로 인사를 마친 후, 그가 떠나가자 아버지는 기분이 좋아서 어서 밥을 달라고 재촉했다. 온종일 한 끼도 드시지 못한 아버지는 변변찮은 반찬에도 달게 밥 한 그릇을 뚝딱 비우셨다.

그날 밤 집 앞의 여섯 마지기 논에는 맑고 시원한 지하수가 펑펑 쏟아져 바닥까지 은밀하게 스며들었다. 타는 목에 물 넘어가듯 울컥울컥 소리를 내며 잠겨 드는 물소리를 나는 그때 처음 들었다. 어슴새벽까지 잠 못 이루는 아버지를 부축하고 논배미로 나갔더니, 아버지는 희미한 눈에 힘을 잔뜩 주고 얼굴 가득 미소를 지으며 혼잣말로 중얼거렸다. “아아, 물을 많이 먹었구나, 저것들이 얼마나 목이 탔을꼬, 내일은 모를 심을 수 있겄구먼, 잘 됐어. 암, 잘 됐구 말구.” 자식 입에 밥 들어가는 모습을 지켜보는 어미처럼 흡족해하시던 아버지의 음성이 지금도 쟁쟁하게 울리는 듯하다.

그해의 모내기를 끝으로 아버지는 당신의 논이 물 먹는 소리를 더 이상 듣지 못했다. 평생 흙과 함께 살아온 아버지의 생애도 끝을 향하여 한 발자국씩 앞으로 나아가고 있었다.

문자향서권기(文字香書卷氣)

지난겨울 나는 D시에 있는 문학관에 다녀왔다. 불철주야 찾아 헤맸던 논문 자료가 그곳에 있다는 정보를 입수한 터라 큰 기대를 품고 떠나던 날 아침은 첫 소풍 가는 아이처럼 설렜다.

엊그제 미리 전화로 연락을 했고 관장의 아들까지 재차 확인 전화까지 오는 바람에 초행길임에도 불구하고 발걸음이 가벼웠다.

관장은 정년퇴임한 교수로 이 시대의 귀감이 되는 선비요, 인간으로서 지켜야 할 도리를 몸소 실천하는 인격자로 널리 알려져 있었다. 문학관에 들어서자 입구의 너른 책상에 깡마른 체격에 베레모를 쓰고 정갈하게 차려입은 노신사가 앉아 있었다. 그가 가장 먼저 안내한 곳은 우리나라 유명 시인의 이름을 딴 문학상 앞이었다. 그다음은 스승이자 부모처럼 모셨다는 시인 E에게 받은 액자와 우리나라 단편 소설의 대가인 K에게 받았다는 편액 앞에서는 목소리가 잠시 격앙되기도 하였다.

그는 평생 인연을 소중히 여겨 주고받은 편지글뿐만 아니라 습작 원고 하나라도 허투루 버리지 않는 꼼꼼한 성격의 소유자였다. 그러니 평생 모은 진귀한 고서와 잡지 등의 방대한 자료로 문학관을 세우고 향토학자로 고고하게 말년을 보내고 있는 것이다. 학예사와 함께 이층 서고에 올라가니 삼만여 권이 넘는다는 책이 정연하게 꽂혀 있었다. 뒤쪽에는 미처 자리를 잡지 못한 책들이 겹겹이 쌓여 사람의 손길을 기다리고 있었다. 말수가 적으나 사려가 깊어 보이는 학예사는 먼 길을 왔는데 원하는 자료들이 많았으면 좋겠다며 목례를 하고 나갔다.

소문대로 구하기 어려운 오래된 자료가 많았다. 시간이 얼마나 흘렀을까, 누군가 2층으로 쿵쿵거리며 올라오는 소리가 들려 돌아보니 얼굴이 시뻘겋게 변한 관장이었다. "여기가 당신 공부하는 곳인 줄 압니까, 당장 나가요, 나가…." 하고 삿대질을 하며 호통을 치는데 좀 전에 본 친절한 그분은 아니었다. 나는 영문도 모른 채 혼비백산하여 인사를 몇 번씩이나 하고 쫓기듯 빠져나왔다. 놀란 나머지 손전화를 놓고 나와서 다시 들어갔더니 학예사가 미안하다며 조금 있으면 관장님이 퇴근하시니 그때 와서 조금 더 공부하고 가라며 눈을 찡긋댔다. 혹시 내가 실수한 부분이 있는가 싶어서 화낸 이유를 재차 물었더니 "글쎄요. 저도 모르겠어요. 가끔 저렇게 하신답니다" 하는 것이 아닌가. 나는 마른하늘에 날벼락 맞은 듯 뜨악하여 먼 길을 터덜터덜 돌아오고 말았다.

평생 모은 책을 문학관이라는 이름표를 달아 세상에 내어놓았다면 그건 이미 개인의 소유가 아니다. 그리고 자신이 모아놓은 자료로 학문을 연구하고 귀하게 쓰일 수 있다면, 본인에게도 얼마나 유익하고 보람된 일인가. 일찍이 추사 김정희는 유배지에서 아들에게 편지를 보냈다. 그 내용 중에 '문자향서권기(文字香書卷氣)'란 말이 있는데 풀어보면, 글자에서 나오는 향기와 책에서 나오는 기운이 고매한 인품을 만든다는 의미다. 이 말은 또한 가슴 속에 만 권의 책이 있어야 그것이 흘러 넘쳐 글이 되고 사람의 마음을 감동시킬 수 있다는 뜻이기도 하다.

예나 지금이나 독서의 중요성은 아무리 강조해도 지나침이 없다. 시성 두보는 안녹산의 난을 피하여 산속에 은거한 후 일만 권의 책을 읽은 백학사의 인품을 흠모했다. 그리고 남자는 모름지기 다섯 수레의 책을 읽어야 한다는 의미로 '남아수독오거서(男兒須讀五車書)'라는 불후의 명언을 만들어 내기도 하였다.

세상에서 가장 무서운 사람은 한 권의 책만 읽은 사람이라는 우스갯소리도 있다. 그만큼 편협한 지식과 논리로 세상과 소통하지 못한 채 살아가는 답답한 위인이라는 뜻일 것이다. 그러나 많은 양의 책을 읽었다고 해서 꼭 고매한 인격을 소유한 것은 아니다.

집 안의 동서남북을 책장으로 꾸미고 구석구석 책을 쌓아 놓았다고 해서 우러러볼 일은 더더욱 아니다.

일주일 후 나는 짤막한 문자를 받았다. 학예사를 통해서 온 매우 늦은 답신이었다. "교수님이 힘들여 책을 모았기 때문에 아까워서 그러신 것 같습니다…."라는 요지의 토막글이었다. 일평생 모아 놓은 자료가 업적을 자랑하기 위한 전시용으로만 활용되는 현실이 안타깝다. 온고이지신(溫故而知新)이란 말도 있지 않은가, 옛것을 통하지 않고 어찌 새로움으로 나아갈 수 있으리오. 후학을 위하여 연구할 수 있도록 배려하는 풍토가 필요하고 그것이 문학관을 세운 본래 목적과 취지가 아니겠는가?

서고에 갇혀 아무도 열어 보지 않는 책은 닫힌 책이고 대중에게 유포되지 않는 책은 이미 그 기능을 상실한 것이다. 문득 프랑스 상징주의 시인 말라르메가 했던 말이 떠오른다. "육체는 슬프다, 아아, 나는 만 권의 책을 읽지 못한다." 시인 말라르메여! 일생 동안 많은 책을 읽지 못했다고 탄식하지 마시라. 어쩌면 인생은 몇 권의 책만 읽은 사람이 더 행복할 수도 있는 법이니까.

짜장면

오랜만에 캐나다에 사는 큰아들네 가족이 왔다. 오늘은 점심으로 짜장면이 먹고 싶다고 해서 아들이 서너 살 때부터 즐겨 찾았던 중국집에 가기 위해 집을 나섰다. 이제는 해외동포가 된 불혹이 다 된 아들 내외와 그 사이에서 태어난 손녀와 함께 추억이 서린 식당에서 짜장면을 먹는다는 사실이 감격스러워서 눈시울이 뜨거워졌다.

함안의 작은 마을에서 목회를 시작한 후 생필품도 사고 바람도 쐴 겸 가끔 오가던 부림시장이 보였다. 1980년대 창동은 주말이면 차 없는 거리로 유명했다. 삼삼오오 몰려드는 젊은이들로 발 디딜 틈이 없었다.

시장은 무척이나 한산하여 격세지감을 느끼게 했다. 옷을 고르다가 큰아들을 놓쳤던 옷집은 그릇을 파는 가게로 변해 있었다.

당시 아들은 빨강 점퍼를 입고 있었는데 붉은 옷을 입고 지나가는 사람들이 다 아들로 보여서 울고불고 뒤쫓았던 기억이 생생하다. 내가 저를 그렇게 애타게 찾는 줄도 모르고 아들은 남성동 우체국 옆 성당에서 미끄럼을 타고 있었다. 반가운 마음에 덥석 껴안으니 귀찮다는 듯 내 손을 뿌리쳤다. 즐겁게 노는데 방해받는 것이 싫었던 모양이다. 한바탕 야단법석을 피운 후에 우리는 '도림'이라는 중국집에서 호사로운 외식을 했다. 주머니 사정이 넉넉하지 않아서 탕수육은 주문하지 못했으나, 먹음직스러운 군만두 한 접시를 더 시켰던 기억이 난다.

남성동 우체국을 지나자 예술인들이 자주 갔던 예술촌 '성미'라는 음식점과 낯익은 '고려필방'이 보였다. 그런데 아무리 두리번거려도 '도림'이라는 간판은 보이지 않았다. 한참 빙글빙글 돌다 보니 그 자리에는 '북경성'이라는 낯선 이름의 붉은 간판이 서 있었다. '주인이 바뀌었나 보다.' 생각하면서 들어갔는데 그대로였다. 팔팔하던 여주인은 어느새 할머니로 변해 있었고 그 많던 종업원은 한 명도 보이지 않았다. 점심시간이라서 그런지 식당 안은 손님들로 북적거렸다. 우리는 탕수육과 짜장면을 주문했다. 쫄깃한 맛이 그 옛날 우리가 맛본 바로 그 맛이었다. 이제 초등학교 삼 학년이 된 손녀 조이스는 한국에서 먹어본 짜장면 중 가장 맛이 좋다고 엄지를 척 올려서 나를 행복하게 해주었다.

나는 이 나이에도 변함없이 짜장면을 좋아한다. 옛 친구들을 만난 자리에서 내가 짜장면을 먹자고 하면, 아직도 '짜장면'이냐고 놀린다. 내가 어릴 때는 특별한 날에만 짜장면을 먹었다. 졸업식이나 사생대회, 웅변대회가 있는 날에는 꼭 짜장면을 먹었다. 학창 시절에 나는 웅변대회나 글쓰기 대회에 자주 나갔다. 그때는 왜 그렇게 나서는 것을 좋아했는지 모르겠다. 점심시간이 되면 학생들을 통솔해 가신 선생님이 짜장면을 사주셨다. 어쩌면 나는 짜장면을 먹고 싶어서 각종 대회에 나간 것인지도 모른다. 지금도 새로운 동네로 이사를 하면 가장 먼저 이 동네에서 짜장면을 가장 잘하는 중국집이 어디인지를 수소문해서 맛을 보곤 한다.

음식을 좋아하는 것도 집안의 내림인지, 모르겠지만 고인이 된 아버지께서도 짜장면을 즐기셨다. 지금으로부터 35년 전이니 1989년, 처음이자 마지막으로 딸네 집에 오신 아버지를 모시고 이곳에 왔다. 아버지는 짜장면 한 그릇을 달게 잡수시고 "아, 맛있다. 이런 짜장면 맛은 처음이구나." 하시면서 흡족해하셨다.

누가 뭐래도 중국집은 짜장면의 맛으로 승부를 건다고 나는 생각한다. 쫄깃하고 탱글탱글한 면발과 고소하고 조금 짠 듯한 짜장 소스의 맛, 알맞게 익힌 채소의 식감도 한 맛을 더한다. 그렇지만 아무리 짜장면이 그리워도 배달된 짜장면은 선호하지 않는다. 퉁퉁 불어 터지고 기름이 허옇게 엉겨 있는 짜장면은 보기에도 맛깔스럽지 않을뿐더러 음식의 본디 맛을 내기도 어렵기 때문이다.

요즘은 고급스러운 중화요리 전문점이 많이 생겨나고 있다. 얼마 전에 가 본 중국집은 점심 특선으로 코스 요리를 파는 식당이었는데 샐러드부터 유산슬, 오동통한 칠리새우에 디저트까지 맛과 풍미가 뛰어난 집이었다. 그러나 그곳에서 코스 요리로 나오는 짜장면은 내가 원했던 맛은 아니었다. 나는 그냥 일반 중국집에서 단품 메뉴로 파는 값이 저렴한 짜장면 한 그릇이면 충분하다. 다양한 음식이 진열된 뷔페 스타일보다는 한 가지 음식에 집중해서 그 고유의 맛을 즐길 수 있는 것을 좋아하는 것이다.

다음에는 또 어떤 집에 가서 짜장면의 진수를 보여줄까. 나를 닮아서 짜장면을 좋아하는 손녀 조이스가 긴 면발을 돌돌 감아서 꿀꺽꿀꺽 삼키는 모습이 너무도 사랑스럽다. 주말이 기다려진다.

족저근막염

봄볕이 무르익는 베란다에 서서 창밖을 바라본다. 알록달록한 등산복을 입고 지나가는 사람들이 눈에 띈다. 스틱을 양옆에 끼고 톡톡 소리를 내며 한 발 두 발 내딛는 모습이 부럽다. 나도 그런 때가 엊그제 같은데 이제 발에 병을 얻어서 등산은 꿈도 꾸지 못하는 신세가 되고 말았다.

언젠가부터 잠자리에 누우면 발이 화끈거리고 시려서 수면 양말을 신고 잠을 들기가 일쑤였다. 그저 늙음의 한 징표인 퇴행의 과정인가 싶어서 대수롭지 않게 넘겼다. 그러다가 어느 날 아침 텔레비전에 나오는 건강프로그램을 보다가 아뿔싸, 내가 바로 '족저근막염'에 걸렸다는 것을 알게 되었다.

부리나케 텔레비전을 끄고 집 근처 정형외과로 내달렸다. 그동안 나의 발 상태는 생각하지도 않은 채 전국 명산을 찾아 망아지처럼 뛰어다닌 일이 아찔하기까지 했다. 그때부터 족저근막염 치료와 운동이 병행되었다. 의사는 발바닥을 이리저리 꾹꾹 눌러 보는 것으로 병의 경중을 알아냈다. 발바닥 근막은 혈액 순환이 원활하지 않기 때문에 과격한 운동 후에는 반드시 근육을 풀어 주어야 한다고 누누이 강조했다. 그래서 저녁이 되면 의사의 권고대로 따스한 물로 족욕을 하고 수건으로 발끝을 당겨주는 운동을 한다. 또한, 공을 이용하여 발바닥 굴려주기와 발 근육 강화 운동을 열심히 하고 있다. 그동안 발의 고마움을 잊고 '너는 알아서 따라와라, 나는 내가 가고 싶은 곳을 가련다.' 하고 홀대한 것을 생각하니 발에게 참 미안하다는 생각이 들었다.

그러면서도 불쑥불쑥 운동 신경이 둔해서 할 줄 아는 운동이 걷는 것과 자전거 타기뿐인데, 그 두 가지 다 할 수 없으니 답답하고 울화통이 터졌다. 발을 업신여겨서 일어난 결과이다. 우리 몸 중에서 귀하지 않은 지체가 없지만, 발이 없으면 우리가 원하는 곳을 갈 수 없다. 오죽하면, 발이 '효도하는 자식보다 낫다'는 속담이 나왔을까. 요즘이야 자동차나 전철, 비행기 등 편리한 운송 수단이 수두룩하지만, 그 역시 발이 없다면 누군가의 도움을 받아야만 가능하다. 발은 제2의 심장이요 신이 만든 최고의 걸작품이라는 말도 있다. 건강한 발이 없다면 우리의 삶의 질은 떨어질 수밖에 없다. 당장 공원을 산책할 수 없고 필요한 물건을 사러 마트에도 갈 수도 없으며, 여행이나 관광은 꿈도 꿀

수 없다.

내가 어릴 때 아버지는 세수를 다 하고 난 후 그 물로 발을 씻으셨다. 절약이 몸에 밴 자연스러운 행동이기도 했지만, 발의 입장에서 볼 때는 그리 유쾌한 일은 아니었을 것이다. 예수는 십자가에 못 박히기 하루 전날, 열두 제자를 앉히고 손수 발을 씻겨 줌으로써 인간에 대한 사랑을 구체적으로 보여주었다. 그 자리에는 은 삼십 냥에 예수를 팔아넘긴 가롯 유다도 함께 있었다. 그는 스승의 발뒤꿈치를 콱 물어버린 배신자로 두고두고 세상에 회자 되는 인물이기도 하다.

어찌 됐든 발은 우리 몸에서 가장 홀대받는 지체임에는 분명하다. 일찍이 상허 이태준 선생도 그의 산문 「발」에서 발이 아름다운 미녀를 본 적이 없음을 애석하게 여겼다. 그래서일까 요즘 여자들은 양말로 감싸서 눈에 보이지도 않는 발톱에 패티큐어를 하고 돋보이게 하려고 노력한다. 그뿐인가, 발 각질제와 보습 용품도 불티나게 팔리고 있다. 천대받던 발이 얼굴이나 손처럼 동등하게 대접받는 것 같아서 퍽 다행스럽다.

우리 몸의 한 지체가 병이 났는데 방치하면 다른 지체에까지 악영향을 미칠 수 있다. 나 역시도 발이 불편하지 않았다면 그 소중함을 생각하지 못했을 것이다. 그러고 보면 우리의 몸을 통과하는 숱한 경험과 육체적인 질고도 소중하지 않은 게 없다. 60여 년 동안 비대해진 몸을 짊어지고 함께 늙어온 내 못생긴

발을 바라본다. 발바닥 앞쪽에 형성된 두껍고 질긴 띠를 만져보니 통증이 느껴진다. 애썼다. “나의 분신이여! 이제 너를 소홀히 대접하지 않을 테니, 내가 살아 있는 동안 그런대로 끝까지 경주해주기를 부탁한다.”

발이 아프니 모든 것이 조심스럽다. 무엇이든지 빨리빨리 처리하지 않으면 안 되었던 성급한 성격도 조금씩 여유를 갖게 되었다고나 할까, 발맘발맘 자국걸음으로 천천히 발을 떼니 저도 눈치를 챘는지 번쩍 몸을 들어 올려준다. 이 봄이 지나고 여름이 오면 산그늘 따라 뒷산에라도 오를 수 있을까, 생각하니 벌써부터 오감이 뜨거워 오고 이마에 땀이 솟는 듯하다.

죽지 않는 아버지

고향에서 아버지의 2주기 제사를 모시고 시내로 나오는데 비가 조금씩 흩뿌리기 시작했다. 치매와 싸우고 계신 어머니를 만나러 경기도에 있는 요양원에 가는 길이었다. 당진을 벗어나자 빗줄기가 굵어져서 버스는 풍랑을 만난 배처럼 거센 물보라 앞에서 주춤거렸다. 무사히 요양원에 도착하고 보니 공교롭게도 점심시간이었다. 초인종을 누르니 요양보호사가 나오고 서명을 한 후에 어머니를 기다렸다. 휠체어에 분홍 옷을 입은 어머니가 아기처럼 다소곳이 앉아 계셨다. 짧은 커트 머리에 앙상하고 핏기 없는 다리가 먼저 눈에 들어왔다.

어머니는 만면에 미소를 지으시며 천연덕스럽게 "누구세요, 고맙게 이 늙은이를 찾아 주시다니." 하며 반가(班家)의 딸답게 예의를 차리셨다. 내가 "엄마, 저예요."라고 말해도 누구인지 알아보지 못했다. 시간이 조금 흐르고 요양보호사가 큰딸이라고 몇 번을 말하자 어머니는 그때에야 어렴풋이 나를 기억하는 듯, 아기들은 잘 크고 있는지 궁금하다고 하셨다. 어머니의 기억은 아스라한 80년대 중반에 머물러 있었다. 그리고는 아버지의 근황을 묻기 시작했다. “네 아버지는 잘 계시냐? 지금은 마늘을 캘 시기인데, 감자 농사는 잘됐는지 모르겠구나.” 아직도 술을 그렇게 많이 마시는지, 입성은 또 어떻게 하고 다니시는지 등 궁금한 것들을 한꺼번에 물으셨다.

2년 전 여름, 아버지는 고단했던 여든일곱 해의 생을 접으시고 우리 곁을 떠나셨다. 그 당시에 어머니의 건강이 좋지 않았기에 우리는 아버지의 별세 소식을 알리지 않기로 뜻을 모았다. 육십 년 넘게 함께 동고동락한 아내가 마지막 가는 남편을 배웅하지 못하는 것처럼 슬픈 일은 없을 것이다. 올해 두 번째로 아버지의 기일을 맞이했는데도 여전히 어머니는 아버지의 사망 사실을 모르는 채 살고 계시다.

귀가 얇은 아버지는 말년에 동네의 부동산업자에게 많은 돈을 사기당하고 실의에 빠져서 술과 함께 세월을 보내셨다. 그 후 여러 병원을 전전하며 힘든 시간을 보내고 퇴원하여 집에서 머물던 시기가 있었다. 요양원에 모셔야 한다는 자식들의 말을 듣지 않고 어머니는 아버지의 수발을 직접 들었다. 대소변을 처리하는 일이 가장 힘든 일이었는데 어머니는 그 일을 아무런 불평도 없이 묵묵히 해내셨다. "당신은 그저 오래도록 내 곁에 있어 줘, 한 번 가면 다시 못 오니 오래오래" 그 말이 노랫가락처럼 어느 때건 자연스럽게 흘러나왔다.

아버지는 어머니에게 다정다감한 분이 아니셨다. 술을 드시면 주사가 심해서 어머니뿐만 아니라 우리 오 남매 역시 힘든 시간을 보냈다. 한밤중 뒤꼍의 잔대나무 숲으로 피신한 나는 '어서 빨리 이 지긋지긋한 집을 떠나야 한다'는 일념으로 공부했다. 아버지는 사람을 잘 믿는 편이라서 돈을 빌려주고 받으려면 어머니가 직접 나서서 난장을 쳐야만 받을 수 있었다. 그럼에도 불구하고 어머니는 아버지를 깊이 사랑하고 계셨다.

어느 겨울 친정에 갔더니 어머니는 웃음이 가득한 얼굴로 "네 아버지가 한자를 얼마나 잘 아는지, 읍내 고등학교 한문 선생도 방학이면 사랑방에 와서 공부를 배운다닌께, 저번 날에는 담배를 한 보루 사 오더니 오늘은 쇠꼬리를 사 왔더라고." 하시면서 자랑을 늘어놓으셨다. 세 살 때 부친을 여의고 공부할 기회가 없었던 아버지는 초등학교가 최종 학력이었지만, 독학으로 사서삼경을 다 떼셨다고 한다. 아마도 어머니는 초등학교 문 앞에도 못 가 본 자신과 비교하여 그런 아버지를 속으로 존경하지 않으셨을까 싶다.

'세상 무엇과도 바꿀 수 없는 것, 그것은 젊은 날에 결혼하여 함께 살아온 늙은 마누라다.'라는 탈무드의 명언이 생각난다. 우리는 가끔 아무리 훌륭한 효자도 함께 사는 배우자만 못하다는 말을 듣는다. 맞는 말이다. 진정 그 말의 의미를 부모님을 통해서 본다. 어머니의 가슴속에서 아버지는 죽지 않는다. 어머니가 살아 있는 동안 아버지는 영원하다. 그는 지금도 논에서 물꼬를 보고 여름이면 마당가에 모깃불을 피우고 겨울에는 장작을 패는 건장하고 믿음직한 남자다.

돌아오려고 주섬주섬 가방을 정리하는데 어머니가 한말씀 하신다. "야야, 네 아버지는 비계 많은 삼겹살을 좋아하니 한 근 사다가 구워드려라." "예 알겠습니다." 하고 요양원을 나왔다. 날씨도 내 마음을 아는지 비바람이 휘몰아쳐서 우산이 뒤집히고 옷이고 가방이고 내 얼굴까지도 순식간에 다 젖어버렸다.

오디 익는 유월

유월이 오니 담장마다 넝쿨 장미가 빨갛게 타오른다. 장미꽃이 피면 '아! 유월이 돌아왔구나.' 하고 달력을 다시 보게 된다. 숲에는 가시를 숨긴 하얀 찔레꽃이 은은한 향기를 풍기며, 지나가는 사람을 손짓하고 있다. 찔레꽃을 따라가다가 만나게 되는 오디의 새콤달콤한 맛도 유월이 주는 선물 중 하나이다. 며칠 전까지만 해도 푸르딩딩하던 오디가 어느새 무르익었다. 절정을 맞은 오디는 손끝만 스쳐도 '톡' 하고 힘없이 떨어져서 풀숲으로 사라져서 나의 애간장을 녹인다. 노란 애기똥풀꽃과 개망초 사이에 끼인 오디는 붉다 못해 검은빛이다. 지금쯤 내 고향의 언덕에도 오디가 한창 익어가고 있을 것이다.

양잠이 농가의 소득원으로 각광을 받았던, 어린 시절 우리집 청보리밭 둔덕에도 작은 뽕나무 한 그루가 서 있었다. 그 옆에는 무엇이든 기댈 곳만 있으면 타고 오르는 칡넝쿨과 찔레꽃이 한 무더기씩 피어났다. '찔레꽃이 피면 곧 오디가 익겠지…. 저 오디나무는 내 거야.' 하고 마음으로 재며 기다리고 있었다.

새콤달콤한 오디를 맛보려면 짧지 않은 시간을 기다려야 했다. 그 절묘한 시간을 놓치면, 솔개가 닭을 물고 가는 하늘 쳐다보듯 분한 마음을 혼자서 삭여야만 했다. 풋오디가 다닥다닥 붙은 뽕나무는 그 얼마나 어린 마음을 행복하게 만들었는지 모른다. 하나, 둘씩 붉은색으로 물들어 가는 오디를 지켜보는 기다림의 시간도 그저 즐겁기만 했다. 푸른 윤기가 파닥이는 뽕잎 사이로 먹빛 같은 오디가 얼굴을 내밀면 탄성이 절로 나왔다. 욕심껏 한 움큼 입에 넣고 깨물면 달콤한 맛이 혀끝을 자극했다.

어느 해였을까. 그 해도 설레는 마음으로 눈도장을 찍어놓은 밭둑에 오디를 따러 갔다. 주저리주저리 열린 먹음직스러운 오디를 누구에게 빼앗길세라 정신없이 손끝으로 훑어 내리고 있었다. 그때, 뽕나무 가지 중간쯤에 어떤 물체가 대롱대롱 매달려 있는 것이 보였다. 호기심에 떼어보니 드라마 사극에서나 보았던 제웅이었다. 숙종 때 간악한 장희빈이 인현왕후를 죽이려고 바늘을 무수히 꽂아 놓던 그 짚풀 인형이 생각났다. 두려움에 가슴이 뛰기 시작했다. 나는 단번에 어머니께서 만들어서 걸어 놓은 액막이라는 것을 알았다. 경기를 자주 일으켜서 새파랗게 까무러치던 여동생을 위한 짚 인형이었다.

옛날 사람들은 모든 질병의 원인을 역귀의 소행으로 보았다. 그 제웅 속에 숨겨진 빛바랜 동전은 용감한 둘째 오빠의 손에 넘겨졌다. 우리는 누가 먼저랄 것도 없이 의미 있는 미소를 지으며, 송방으로 냅다 달렸다. 한갓 미신에 지나지 않는 제웅치기는 유아 사망률이 높았던 옛날부터 전해 내려오는 풍습이었던 것 같다. 지금도 뽕나무를 보면 그때 본 제웅의 모습이 떠올라서, 순간적으로 머리카락이 쭈뼛거리고 섬뜩한 기분이 든다.

요즘은 백세 시대에 걸맞게 건강식품에 대한 관심이 높아지고 있다. 그래서 블루베리나 포도, 오디가 많은 사랑을 받고 있다. 오디는 집 안을 샅샅이 뒤져도 먹을 것이 없었던 봄날에 유일하게 허기를 달래준 간식거리였다. 농익은 오디에서 쏟아지는 달콤한 과즙의 맛을 어느 과일에 견줄 수 있을까. 그 어린 날처럼 오디를 주르르 훑어서 입속에 털어 넣는다. 입과 혓바닥이 온통 보랏빛이다. 몸에서 오디 향기가 풀풀 나는 것 같다. 뒷산에서 뻐꾸기가 운다. 어린 시절 밭둑에 서서 듣던 그 뻐꾸기 울음소리다.

담쟁이처럼

둘째 아들이 일 년이 다 가도록 취업 준비를 하고 있다. 밤이 깊어 자정이 넘은 시간에 난데없이 시 한 편을 건네준다. 펼쳐 보니 도종환 시인의 「담쟁이」이라는 시이다.

저것은 벽
어쩔 수 없는 벽이라고 우리가 느낄 때
그때
담쟁이는 말없이 그 벽을 오른다
물 한 방울 없고, 씨앗 한 톨 살아남을 수 없는
저것은 절망의 벽이라고 말할 때
담쟁이는 서두르지 않고 앞으로 나아간다
한 뼘이라도 꼭 여럿이 함께 손을 잡고 올라간다
푸르게 절망을 다 덮을 때까지
바로 그 절망을 잡고 놓지 않는다 (중략)

늘 씩씩하고 긍정적인 성격이어서 별걱정을 하지 않고 있었지만, 가슴 한쪽이 바람 맞고 서 있는 겨울나무처럼 싸하고 아파오는 것은 부인할 수 없는 일이다.

오늘 저녁밥을 먹는데 아들이 내 얼굴을 물끄러미 쳐다보더니 천천히 입을 뗐다. "엄마, 난 대기만성형이지 아빠가 늘 그랬잖아." 하고 풀이 죽어 고개를 숙이는데 순간적으로 눈빛이 붉어졌다. 측은한 마음에 "그럼 그렇고말고 다 잘 될 거야, 조금만 기다려보자." 하고 얼른 맞장구를 쳤다. 순간 목 안에 슬픈 것이 괴어올라 목이 메었다. '대기만성'이란 말은 초등학생 때 학업에 자신감이 부족한 아들을 격려해 주기 위해서 우리 부부가 입버릇처럼 했던 말이다.

"두고 보면 안다. 좀 늦더라도 너는 훌륭한 인물이 될 거야. 대기만성형이거든." 하고 자신감을 심어 주었다. 고개를 숙이며 부끄러워하던 아들이 고등학교를 지나 대학을 졸업했다. 그 후 일 년여 시간을 취업을 위해 동분서주하고 있다. 그 모습을 무연히 바라보아야 하는 어미의 마음이 한없이 안타깝다. 누구는 경찰이 됐고. 항공사에 들어갔고, 또 누구는 공기업에 취업이 되었다는 소식들이 간간이 들려왔다. 그때마다 억장이 무너지는 일이었지만, 아들은 내색하지 않고 그야말로 불철주야로 열심히 준비하며 서울로 대전으로 면접을 보러 다녔다.

취업 시즌에는 밤을 새워 자기소개서를 쓰고 인·적성 검사 시험을 치고 그 시험에서 합격하면 면접을 보았다. 서울로 면접을 보러 가려면, 하루 전날 단벌 신사복을 꺼내서 다림질을 하고 얼굴엔 아가씨처럼 팩을 붙이고 구두를 닦았다. 서툴게 몇 번의 실패 끝에 넥타이를 매고 집을 나서는 아들의 뒷모습을 서글픈 마음으로 지켜보았다. '눈뜨고 있어도 코를 베어간다.'는 서울에서 혹 소매치기라도 당할까 봐 몇 번이고 당부한다. 돈도 몇 푼 더 얹어 주며 이번이 마지막 면접이 되기를 바라고 또 바라게 되는 것이다.

"안 돼도 괜찮아. 부담감 느끼지 말고 경험 쌓는다고 생각해라." 겉으로는 이렇게 여유를 부리며 등을 토닥거리지만 나의 속마음은 한없이 초조해진다. 긴장감으로 잠을 설치고 면접 시간이 어서 끝나기를 서성대며 기다린다.

돌아보면, 둘째 아들에게는 미안한 것이 너무 많다. 한참 재롱을 피우고 엄마의 손길이 필요한 네 살 때부터, 유아원으로 학원으로 빙빙 돌려가면서 키웠다. 다른 아이들을 가르치기 위하여 정작 내 자식은 방치해야 했던 시간들이었다.

열쇠를 목에 걸고 어두운 밤까지 엄마를 기다렸을 어린 아들의 외로움을 나는 잘 몰랐던 것이다. 여드름이 얼굴을 뒤덮던 사춘기의 어느 날, 처음으로 어린 시절에 대한 섭섭한 감정을 토로하지 않았다면, 아이의 가슴에 남은 앙금들을 모르고 지나쳤을 것이다.

집에 돌아오면 아무도 없고 텔레비전을 보며 시간을 보냈다는 이야기였다. 나로서는 부족한 생활을 채우기 위한 궁여지책이었노라고, 나도 살기 위해서 어쩔 수 없는 일이었다고 항변하고 싶었다. 그러나 아이는 보살핌이 필요한 나이였고 엄마로서 사랑으로 자식을 키워야 할 의무를 유기한 셈이니 무슨 말을 하든지 궁색한 변명거리에 지나지 않는다는 생각이 들었다.

"그래 미안하구나, 엄마가 잘못했다. 우리 아들이 힘들었겠구나." 하고 다독여 주니 섭섭한 마음에 작으나마 위로가 되었는지 더는 서운한 마음을 내색하지 않았다. 그만큼 저에게도 힘든 시간이었던 것이다.

아이가 다섯 살이 되던 해 유치원에서 봄 소풍을 갔다. 다른 아이들은 엄마랑 손을 잡고 동행했지만, 나는 직장 때문에 점심 도시락을 싸주는 것으로 대신하고 간식을 사 먹으라고 돈을 주었던 기억이 난다.

해가 지자 아들은 늦게 귀가하는 나를 대신해서 그 돈으로 두부 한 모를 사서 아파트 문고리에 걸어 두고 놀이터 벤치 위에 잠들어 있었다. 낮에 친구들과 뛰어놀다가 열쇠를 잃어버린 것이다. 그때는 휴대폰도 없던 시절이었고 삐삐라는 작은 통신기를 허리에 차고 다녔고 전화도 할 줄 모르니, 기다리다 지쳐서 잠이 든 모양이었다.

별이 총총 떠 있는 봄 저녁의 벤치는 살금살금 내린 이슬에

촉촉이 젖어 있었다. 다섯 살 나이에 어찌 부식 가게에서 두부를 사다가 걸어 놓을 생각을 했을까. 생각하면 지금도 가슴이 미어진다.

그때 나는 아들을 업고 계단을 오르면서 다짐했다. '아들아, 자라서 공부 좀 못해도 야단치지 않을 거야. 너는 이미 내가 받을 효도를 다 했으니 대신 건강하고 마음이 따스한 사람으로 자라거라' 새근새근 잠든 아이의 단내 나는 입김을 느끼며 속으로 부르짖었다.

자다가 깨어보니 아들이 자기소개서를 쓴다고 책상 앞에 앉아 있었다. 밤을 꼬박 지새웠던 것이다. "아들아, 누구에게나 생은 고되고 힘든 질곡의 과정이다. 길고 긴 인생의 여정에서 갈 길을 몰라서 힘겨울 때. 너무 더디다고 낙심될 때, 담쟁이처럼 푸르게 절망을 덮으며 앞으로 나아가기를 바란다." 하고 기도하는 마음으로 차 한 잔을 책상 앞에 올려놓았다.

5

마지막 사진

웅석봉에 서서

나는 지금 산청 밤머리재 건너편에 있는 웅석봉 산문에 기대고 서 있다. 웅석봉은 지리산의 한 줄기이며, 천왕봉을 가장 가까이서 볼 수 있는 봉우리다. 이름 그대로 산의 정상이 곰을 닮았다고 해서 붙여진 이름이며, 일명 '곰바위 봉우리'라고도 부른다. 또한, 산세가 험하여 곰이 떨어져서 죽었다는 설화를 간직하고 있으니, 분명 곰과 인연이 많은 산임에는 분명하다.

오월을 계절의 여왕이라고 부르는 이유를 오늘에서야 제대로 알 것 같다. 싱그러운 바람이 하늘에 걸린 흰 구름도 춤추게 한다. 산에 오르는 일이 한 번도 쉬운 적이 없었지만, 초입부터 가파른 오르막이다. 흐르는 땀방울을 닦아낼 겨를도 없이 앞사람의 뒤통수를 보며 걷는다. 어느새 너른 손바닥처럼 살찐 떡갈나무 잎이 팔랑대며 손을 흔들고, 졸참나무와 신갈나무가 형제 많은 집의 아이들처럼 모여서 조잘대고 있다. 이제 진분홍 철쭉꽃이 진 자리에는 기다렸다는 듯 연록의 잎사귀가 수줍게 파닥거리고 있다. 열흘 붉은 꽃이 없다고 인생이나 꽃이나 화려한 시절은 짧아서 황망히 지나간다.

녹음이 짙어지기 전의 오월은 아기의 미간에 돋아난 푸른 핏줄을 닮았다. 연초록의 잎사귀들이 일제히 피어나서 바람이 부는 대로 흔들리고 있다. 그래서 금아 피천득은 오월을 가리켜서 '전나무의 바늘잎도 연한 살결같이 보드랍다.'고 예찬했다. 오늘따라 사람의 발길도 뜸해서 적요한 기운마저 감도는 고요한 산, 이따금 새들이 제 존재를 알리기라도 하려는 듯 재재거린다. 산에 오르면 마음이 한없이 순해진다. 눈만 뜨면 우리를 옥죄는 세상의 근심과 번뇌도 산 앞에서는 맥을 못 춘다. 올망졸망 펼쳐지는 능선이 여인의 부드러운 둔부처럼 눈부시다. 나는 아무 생각이 없는 산속의 은자(隱者)가 되어서 지금 이 순간만 존재하는 듯 절절한 심정이 된다.

일찍이 어진 이는 산을 좋아한다고 해서 '인자요산(仁者樂山)'이란 말이 생겼다. 뜻을 풀면, 어진 이는 의리에 만족하여 몸가짐이 진중하고 심덕이 두터워, 그 심경이 산과 비슷하여 자연히 산을 좋아한다는 말이다. 영남학파의 거봉인 퇴계 이황이 사랑했던 산이 봉화에 있는 청량산이요. 남명 조식이 가슴에 품고 살았던 산이 지리산이다. 둘은 살아온 이력은 달랐지만, 공명을 멀리하고 자연 속에 묻혀 사는 즐거움을 최고로 꼽았으니, 이 어찌 어진 사람의 표본이 아니겠는가!

어떻게 사는 것이 잘 사는 것인지 알 수는 없지만, 신이 인간에게 허여한 단 한 번뿐인 인생을 자연의 품속에서 함께 교감하며 사는 것이 최고의 행복이 아닌가 싶다. 월든의 호숫가에서 생의 중요한 시기를 살았던 헨리 데이비드 소로우의 삶이 생각난다. 그는 우리 인간이 언젠가는 바람처럼 사라지는 존재임에도 불구하고, 더 많이 소유하기 위해서 얼마나 인생을 낭비하며 사는가에 대해 깨우쳐 주었다. 먹고 살 만큼 돈을 가지고 있으면서도 날마다 허덕이는 우리의 헐벗은 일상은 어디에서 기인한 것일까.

헬기장을 지나고 전망대에 올라서니 산청 읍내가 보인다. 사람의 마을이 옹기종기 모여서 소꿉장난이라도 하는 듯 다정하게 모여 있다. 푸른 능선에 마음을 올려놓으니, 사람 사는 세상이 한없이 작아서 성냥갑 같다. 무엇 때문에 나는 그 작은 일에 피를 철철 흘리며 다투었는지, 서 푼어치의 깜냥도 안 되는 그 일에 목을 매고 살았는지 모를 일이다.

곰이 새겨진 정상석 앞에 서니 쪽빛 바다 같은 지리산 능선이 햇볕에 반짝거린다. 저 멀리 보이는 덕유산과 황매산도 반갑지만, 가본지 이태가 넘은 지리산 천왕봉이 몹시도 그립다.

산이 요란을 떨지 않고 소리 없이 사계를 품고 서 있듯, 그렇게 자신에게 주어진 길을 가면 되는 것이다. 그 길이 오늘처럼 초록이 눈부신 길이 아니고 진눈깨비 흩날리는 흐린 날이면 또 어떠랴.

자홍색 꽃물

우리 마을에서 읍내에 나가려면 한티고개를 넘어야 했다. 지금은 이름만 남아 옛 명성은 찾아볼 길이 없지만, 사십 해 전에는 열 살 먹은 아이들이 넘나들기에는 꽤 힘든 꼬부랑 고개였다. 버스도 이 길을 지날 때면, 한 번씩 가쁜 숨을 토해내며 '끼이익' 외마디 소리를 질렀다. 대중교통이 일상화되기 전에 이 길을 지나 읍내로 오일장을 보러 다닌 사람들은 곡식 말이나 이고 지고 다녔을 텐데…. 그 수고로움이야 말해서 무엇 하랴.

초등학교 3학년 때, 나는 단짝 친구 선미랑 이 한티고개를 넘어 선생님을 찾아 나섰다. 이태 동안 연달아 담임을 맡았던 선생님이 전근을 가신 곳은 우리 학교에서 꽤 떨어진 곳이었다. 버스가 한 번씩 들어오는 산골에 살던 우리는 서울 가서 김 서방 찾는 격으로 겁도 없이 길을 나선 것이다. 때마침 교사 체육대회

하는 날이어서 수업을 일찍 마쳤다. 빨리 가면 해가 지기 전 집에 돌아올 수 있으리라는 알뜰한 계산을 하고 있었다. 빨간 줄무늬 완행버스가 흙먼지를 후루루룩 뿌리며 지나가면 우리는 있는 힘을 다하여 꽁무니를 향해서 뛰었다.

때는 바야흐로 무더위를 향해 치닫는 유월 중순쯤이나 되었을까. 땀이 등허리와 목덜미에서 쉼 없이 흘러 찐득거리고 어질어질 현기증이 느껴졌다. 그러나 그런 것쯤이야 아무것도 아니었다. 트럭과 버스가 번갈아 다니는 신작로에서 위태롭게 뛰고 걷기를 반복하며 앞으로 나아갔다. 한 번도 가보지 못한 미지의 땅을 향하여 돌진하는 우리는 때때로 용감무쌍한 돈키호테가 되었다가 우유부단한 햄릿이 되기도 하였다.

돌아다 보면 어떻게 여기까지 왔는지 모를 구불구불한 길이 끝도 없이 펼쳐져 있었다. 다시 돌아가기에는 너무 많이 와 버렸다는 막막함에 친구와 나는 금방이라도 터질 듯한 울음을 가까스로 참고 잡은 손을 더욱 굳게 잡고 앞만 보며 달렸다.

지금 생각해 보면, 열 살 때인 우리가 걷기에는 너무 벅찬 이십 리가 넘는 길이었다. 밤꽃이 솜털 구름처럼 달린 들녘과 새마을 구판장을 지나 몇 번을 묻고 또 물은 후에야 선생님이 계시다는 학교에 도착했다. 운동장 가장자리에 서 있는 플라타너스 그늘이 더욱 짙어지고 있었다. 우리는 무엇인가에 이끌린 듯 들판처럼 너른 운동장을 가로질러 정신없이 뛰었다. 학교 마당에는 개미 새끼 한 마리 얼씬거리지 않았다.

그때 교실에서 희미하게 풍금 소리가 들렸다. 선미는 내 손을 놓고 용수철이 튀어 나가듯, 달리기 선수가 마지막 트랙을 돌 듯 세차게 뛰었다. 커튼이 쳐진 교실에서 아아, 머리가 긴 선생님이 혼자 남아 풍금을 치고 계셨다. "어머머 얘들아, 어떻게 이 먼 길을 찾아왔어…? 선생님은 너무 놀란 나머지 쓰러질 듯 휘청거렸다.

우리는 선생님을 향한 그리움과 길 위에서 보낸 시간들을 떠올리며 서러움이 복받쳐 꺼이꺼이 울었다. 우리를 수돗가에 데리고 간 선생님은 목에 수건을 감더니 한 사람씩 땟국이 줄줄 흐르는 얼굴을 정성껏 닦아주셨다. 손길이 얼굴에 닿을 때마다 은은한 향내가 코를 스쳤다. 여전히 긴 머리를 묶은 선생님의 얼굴은 희고 고왔다. 나란히 손을 잡고 정류장 옆을 지나자 좁은 오솔길이 나왔다. 도착한 곳은 온통 붉은 빛으로 출렁이는 딸기밭이었다. 셀 수도 없이 많은 벌과 나비들이 윙윙거리며 지치도록 단내를 맡고 있었다. 선생님은 주인을 불러 무슨 말인가를 주고받더니 바구니 가득 싱싱한 딸기를 따오셨다.

우리는 생전 처음 달달하고 새콤한 딸기를 실컷 먹었다. 보리밭 깜부기도 익어가는 유월의 해가 미루나무 끝에 걸렸다. 사위가 어두워질수록 딸기밭과 노을빛도 점점 짙은 보랏빛으로 물들었다. 정류장에 오니 아슬아슬하게도 막차가 남아 있었다. 선생님은 분홍빛 핸드백에서 차비를 꺼내어 손에 쥐여 주셨다. 길고 하얀 손가락 끝에 자홍색 꽃물이 짙게 배어 있었다.

인자하고 따스했던 박옥신 선생님, 지금 살아 계시면 팔순이 다 되셨을 것 같다. 선생님은 가난하고 배고팠던 우리들에게 무언가 주고 싶어서 껌을 사서 하나씩을 돌리기도 하셨다. 쉬는 시간에는 풍금을 치며 동요를 불렀고 우리는 선생님 곁을 먼저 차지하려고 야단법석이 났다. 삼단같이 긴 머리를 큰 핀으로 한 번 찔러 묶은 선생님의 머리는 동작이 빠른 아이들의 차지였다. 두 갈래로 땋아 내리는 아이의 콧잔등은 송골송골 땀이 맺혔고 우리는 그 모습을 부러워하며 지켜보았다. 이제 나도 지천명을 넘어 큰손녀의 입학을 앞두고 있다. 하루가 다르게 쑥쑥 자라나는 아이의 모습을 보면서 내 마음을 붉게 물들였던, 그날의 일이 어제의 일인 듯 새록새록 떠오른다.

무령의(無領衣)

춘삼월의 따사로운 봄 햇살이 창문 가득 쏟아진다. 이른 아침부터 정성 들여 빨아 널은 배냇저고리가 햇볕을 받아서 희다 못해 푸른빛을 띤다. 30년 전 친정어머니가 사 준 큰아들의 배냇저고리는 세월을 잊은 듯 아직도 새 옷처럼 보송보송하다. 보드랍고 흡수성이 좋은 데다가 견고하여 삶을수록 희고 깨끗하다. 엄밀히 말하자면 큰아이가 입던 것을 둘째가 받아 입었으니, 저고리의 주인이 둘인 셈이다. 빨랫줄에 걸린 저고리가 제대로 마르고 있는지 궁금하여 수시로 베란다로 나가본다. 어린 것의 체취가 아직 남아 있으려나 싶어서 냄새를 맡아보고 햇빛이 잘 드는 쪽으로 다시 옮겨서 걸어놓는다.

지금은 머나먼 이국땅에 살고 있는 큰아들이 이 순백의 배냇저고리를 입고 나비잠을 자던 모습이 떠오른다. 젖내가 나는 볼이며 웃으면 보이지 않던 작은 눈, 유난히 피부가 하얗던 아들은 배만 부르면 잘 놀았고 별 탈 없이 잘 자랐다. 장롱을 정리하면서 몇 차례나 버릴까 말까 망설이기도 했다. 하지만 아들이 생애 처음 입었던 옷이고, 친정어머니의 사랑이 깃든 옷이라서 소중하게 간직하고 있었다. 그 아들이 결혼하고 이제 얼마 안 있으면 자식을 낳는다.

30년 전, 눈보라가 차창을 때리던 겨울날, 출산을 코앞에 둔 나는 부른 배를 안고 고향 집으로 향했다. 뜰 안에는 아직 가시지 않은 쇠죽 냄새가 구수했다. 몇 날 밤을 고민하다가 찾게 된 친정집이다. 마음으로는 절대로 집에 가서 아이를 낳지 않겠다고 큰소리를 쳤지만, 막상 갈 곳이 없었다.

결혼하는 날까지 반대했던 부모님에게 무슨 염치로 해산바라지를 부탁한단 말인가, 생각할수록 답답하여 잠도 오지 않았다. 막달이 다 찼는데도 차일피일 미루며 시간만 보내고 있었다. 아침에 연탄재를 버린다고 대문 밖에 나섰는데 집주인 아주머니가 불러 세웠다. “새댁! 배가 밑으로 처지면 곧 아기가 나온다는 징조인데, 어디서 몸을 풀 거야.” 하며 근심스러운 눈빛으로 묻는다. 그 말을 들으니 금방 무슨 일이 일어날 듯이 불안해지기 시작했다. 그래서 대충 짐을 싸서 친정으로 왔다. 막상 대문 앞에 서니 문을 두드릴 용기가 나지 않아 머뭇거리고 있었다. 작은 올케가 이웃집에 갔다 오는지 나를 보더니 놀라서 소리쳤다. “어머님! 아가씨 오셨어요." 이 한마디에 어머니는 신발도 신지 않고 맨발로 뛰어나오셨다. "네가 아비 없는 자식을 낳는 것도 아닌데 어미한테 와야지 누구한테 간단 말이고, 참 잘 왔다." 하시면서 반가움에 두 손을 맞잡고 등을 토닥이셨다. 어머니는 그간 못난 딸을 걱정한다고 몸이 여윌 대로 여위어 더욱 수척해 보였다.

이튿날 어머니는 장에 가서 기저귀 감을 끊고 배냇저고리를 사 왔다. 그리고 화덕에 솥을 걸고 기저귀와 배냇저고리를 삶아서 마당가에 널었다. 바람에 흔들리던 빨랫줄을 바지랑대는 힘겹게 받치고 있었다. 흰 눈처럼 나부끼는 기저귀를 흐뭇하게 바라보던 어머니는 그 옛날 새댁으로 돌아간 듯 행복해 보였다.

저녁이 되자 배냇저고리는 꽁꽁 얼어서 깁스붕대를 한 손처럼 딱딱하게 굳었다. 어머니는 저고리를 걷어 와서 방 안에 줄을 매고 걸었다. 처음 오는 아기에게 입힐 옷을 바깥에서 하룻밤을 떨게 하면 안 되는 일이라고 토를 달았다. "이 배냇저고리는 깃이 없고 솔기도 없어서, '무령의'(無翎衣)*라고 부른단다. 이 옷을 입혀야 무탈하게 잘 자라고 장수를 한다는 옛말도 있지." 하시며 미소를 지었다.

옛날에 과거 시험이나 집안에 좋지 않은 일이 있을 때도 배냇저고리를 부적처럼 몸에 지니고 있으면 큰 효험이 있다는 말을 들은 적이 있다. 생전 처음 보는 흰 저고리는 단추도 없고, 굵은 실처럼 생긴 끈이 여러 개 붙어 있었다. 만져보니 질감이 톡톡한

융으로 누빈 따뜻한 옷이었다. 어머니께서 이렇듯 배냇저고리에 정성을 쏟는 이유를 나는 잘 안다.

어머니는 그 고운 스물다섯의 나이에 얻은 첫아들을 잃었다. 아버지가 군대에 가고 한창 시집살이를 할 시기에 낳은 아들이었다. 그 이야기는 너무 많이 들어서 이미 귀에 딱지가 앉았지만, 나는 말없이 고개를 끄덕인다. 그 누구에게라도 말을 해야 응어리진 마음이 풀리는 법이니까. "그때야 이렇게 좋은 배냇저고리를 팔기나 했나, 하나 만들어 주고 싶어도 층층시하 시집살이에 낮이면 보리방아를 찧고 물 길어 나르고, 밤이면 길쌈한다고 정신이 없을뿐더러 내 새끼 옷 짓는다고 앉아 있을 수가 없었지." 급기야는 눈물을 보이면서 코까지 팽 풀어 젖히는 어머니의 모습이 애잔했다. 누구든 먼저 떠나게 되면 잘해준 것보다 못해 준 것이 마음에 걸리는 것이 인지상정이다. 어머니는 첫아들이 '무령의'를 지어 입히지 않아서 오래 살지도 못하고 그렇게 떠나간 것이라고 울먹이셨다.

어머니는 아들이 떠나기 전날 밤의 꿈 이야기를 또다시 시작했다. 60년도 더 지난 그 옛날의 일을 생시처럼 기억하는 모정에 감격하지 않을 수 없다. 끝없이 맑은 바닷가에 흰 모래사장이 펼쳐져 있고 돛단배 한 척이 어머니를 기다리고 있었다고 한다. "배 안에 예쁜 선녀가 타고 있었는데 반갑게 웃으며 아기를 받아주었지, 그때 주면 안 되는 건데…." 하고 엄마는 고개를 가로젓는다. 미처 배에 오르지 못한 어머니가 안 된다고 울고불고 난리를 쳤지만, 배는 이미 시야에서 멀어져갔다고 한다.

비가 세차게 쏟아지던 새벽, 애장터에 같이 간 할머니가 손자의 차디찬 고추를 다시 만져보며 울었다고 한다. 첫 손자를 잃어버린 할머니의 애통한 심정을 말해서 무엇할까마는 남편도 없이 홀로 어린 자식을 가슴에 묻어야 했던 어머니의 마음은 상상하기조차 어렵다.

어머니는 밤이 이슥하도록 기저귀를 마르고 손끝에 잡아당기면서 구겨진 면을 바르게 폈다. 아침에 일어나 보니 차곡차곡 개켜 올린 기저귀가 윗목에 첩첩이 쌓여 있었다. 어머니는 순산을 기원하느라고 백설기를 한 말이나 해놓고 삼신할머니에게 손이 닳도록 빌고 또 빌었다. 그 덕분인지 나는 큰 진통 없이 수월하게 사내아이를 순산했다. 눈처럼 하얀 저고리에 감싸 안긴 아들은 세상을 호령하듯 우렁차게 울었다. 어머니는 숯덩이와 붉은 고추를 매단 금줄을 띠고 삼칠일 동안 굳세게 우리 모자를 지켜주었다.

둘째 아들이 큰아들이 사는 캐나다로 떠나던 날, 배냇저고리 하나를 고이 접어 보냈다. 어미 마음에 화답하듯 태어날 손주에게 입히고 싶다는 전화를 받았다. 그 소식에 저도 나도 감동의 도가니에 빠졌다. 무령의, 그리움의 저고리 하나를 화장대 위에 남겨두고 아들을 보듯 바라본다.

*무령의 : 배냇저고리

제골기

문틈으로 날아든 송홧가루가 거실을 온통 노랗게 물들였다. 창틀 옆에는 둘째 아들의 검정 구두가 광채를 번득거리며 조용히 앉아 있다. 조금 전 달그락달그락 소리를 내더니 구두를 매만진 모양이다. 반들반들 윤기가 난다. 구두 속에는 의족처럼 생긴 제골기가 들어 있다. 며칠 전 이것이 택배로 왔을 때, 도대체 어디에 쓰는 물건인지 감을 잡을 수 없었다. 이름도 생소한 제골기는 신발을 오래 신어서 틀어진 경우에나 볼이 작아서 발이 아플 때, 발의 생김새에 맞게 균형을 잡아주는 기구였다.

인간은 필요에 따라서 도구를 만들고 발전시키며 문명을 창조해왔다. 라이트 형제가 독수리의 날갯짓을 보고 비행기를 발명한 것도 같은 이치이다. 나는 신발 가게 주인도 아니고 구두 수선공도 아니지만, 사람들이 신고 다니는 신발을 유심히 바라보는 버릇이 있다. 그렇다고 어느 소설의 주인공처럼 열 켤레의 구두를 진열해 놓고 출근 때마다 바짓가랑이로 구두를 문질러대는 예찬론자는 물론 아니다.

정갈하게 차려입은 옷에 깨끗한 신발을 받쳐 신은 모습이 보기에 좋을 뿐이다. 그런 사람은 매사에 성실하고 무슨 일이든 자신의 역할을 야무지게 처리해낼 것 같아서 신뢰가 생긴다. 그런 내게 생전 처음 보는 물건인 제골기가 얼마나 기발한 아이디어의 상품처럼 느껴졌겠는가! 온종일 주인을 따라 다니느라고 혹사당한 신발을 제골기에 넣어두면 하룻밤 사이에 주름을 좍 펴준다는 사실이 그저 신기할 뿐이다. 편리한 것이 꼭 좋은 것만은 아니지만, 이런 작고 사소한 물건으로 문명의 이기를 누리고 산다는 것도 과히 나쁘지는 않다.

구두를 떠올리면 이십여 년도 더 지난 일이 생각난다. 이웃에 남편을 잃고, 어린 두 딸과 함께 살아가는 여자가 있었다. 어느 겨울날, 어찌 사는지 궁금하여 아이들이 좋아하는 빵을 사 들고 그 집을 찾았다. 얼굴이 백지장처럼 하얗던 그녀의 분위기처럼 집은 침울하고 적막했다. 천장에 걸린 고장 난 전등마저 번쩍이다 멈추기를 반복해서 가장의 부재를 확인시켜 주는 듯했다. 현관에는 여러 해 동안 주인을 기다리는 망자의 구두가 놓여 있었다. 그녀가 내 눈길을 의식했는지 작은 목소리로 "집 안에 남자가 없으면 사람들이 은근히 무시해요. 그래서 신발을 아직 버리지 않고 남겨 두었답니다." 하고 쓸쓸하게 웃었다.

주인을 잃은 구두는 오랫동안 신지 않아서 쭈글쭈글 일그러지고, 구두코가 주저앉아서 볼품없는 모습이었다. 그때 이렇게 좋은 제골기가 있었으면 하나 선물해 주었을 텐데…. 하는 아쉬운 마음이 들어서 눈시울이 뜨거워진다. 언니가 사는 인천으로 이사를 간 그녀가 보고 싶다. 이젠 아이들도 다 컸을 텐데….

사랑받는다는 것

먼 타국에 살고 있는 손녀가 왔다. 자식도 멀리 살면 해외동포라고 하더니 그 말이 틀리지 않는다. 명절이나 집안의 대소사가 있을 때는 더욱 그리운 것이 멀리 있는 자식이다. 손녀가 한 발자국씩 힘겹게 걸음마 하는 모습을 본 것이 엊그제 같은데, 벌써 뛰어다닌다. 이제 두 돌 조금 지났는데 문화센터에서 발레를 배운다고 한다. 초스피드 시대에 걸맞게 아이들도 초고속으로 성장하는 걸까. 비 온 후의 죽순처럼 쑥쑥 잘도 자란다.

제 어미가 "아라베스크" 하고 구호를 외치니 무대에 선 무희처럼 발끝을 세워 포즈를 취한다. 그 모습이 한 마리의 나비가 하느작대는 것 같다. 누가 들으면 팔불출이라고 흉을 보겠지, 생각하니 속으로 웃음이 나온다. 이따금 어려운 낱말로 문장을 만들어서 우리를 깜짝 놀라게도 한다. 버릇이 나빠질까 봐 몇 마디

싫은 소리를 했더니, 할머니가 밉다고 생떼를 부린다. 제 어미와 내가 알아차리지 못하도록 손짓과 발짓으로 제 흉이라도 볼라치면 금방 알아채고는 골을 낸다. 아들만 둘을 키워봐서 여자아이들의 생리를 잘 모르는 나는 미운털이 박혀서 어찌해야 할지 몰라 전전긍긍이다. 오늘은 또 무엇이 심통이 났는지 뾰로통해서 두 볼이 밤을 문 듯하고 입술이 툭 튀어나왔다. 나도 내심으로 부아가 치밀어서 '이제 국물도 없다.' 하고 마음을 다지며 쌀쌀맞게 몽니를 부려보았다. 어른이 체면을 구기는 일이지만, 손녀의 버릇을 고쳐놓고 싶은 심산에서였다. 슬금슬금 내 표정을 보더니 옆에 바짝 붙어서 "할미, 좋아해, 사랑해." 하며 입맞춤을 하고 난리가 났다. 아! 그 한마디에 나의 굳은 결심은 봄볕에 얼음 풀리듯 사르르 녹아버렸다.

그 보답으로 무엇을 해 줄까 궁리하다가 손녀가 좋아하는 놀이터에 가기로 했다. 꽃샘추위에 바람은 매서웠지만, 다행스럽게도 놀이터는 아늑하고 햇볕도 제법 좋았다. 손녀는 물을 만난 고기처럼 그네를 탔다가 시소를 탔다가 왔다가 갔다 신바람이 나서 정신이 없다. 홀앗이로 아들 둘을 키울 때는 자식이 사랑스러운지 좋은지도 모른 채 살아왔는데 어느 날 정신을 차려보니 아이들이 다 자라 있었다. 며느리가 결혼 일 년 만에 태기가 있다고 하자, 당황스러웠던 게 사실이다. 결혼하고 아기를 잉태하는 것이 자연스러운 수순이지만, 못다 한 공부를 마치고 아이를 가

졌으면 하는 바람이 있었기 때문이다. 막상 손녀가 태어나니 집안의 보물덩어리가 되었다. 사람들은 자식보다 손주가 더 좋은 이유를 내가 직접 키우고 교육시켜야 하는 부담감에서 비켜나 있기 때문이라고 한다.

하지만 예전에 어느 신문에서 보니 손자를 위해서 동화 구연 자격증까지 따는 조부모도 있었다. 이 정도면 조부모의 손주 사랑이 얼마나 애틋한지를 보여주는 충분한 실례가 될 것이다. 저녁에 남편이 손녀가 좋아하는 치즈와 과자를 한아름 사 들고 왔다. 그것을 본 손녀가 남편 옆으로 가더니 "할아버지, 사랑해요." 하고 볼을 비비며 애교를 부렸다. 저 어린 것이 하루에도 수차례 변덕이 죽 끓는 듯하다. '조변석개'라는 말은 저를 두고 생긴 말 같아서 웃음이 터져 나왔다. 그런데 어이하랴 얄미운 짓을 하고 심통을 부려도 사랑스러운 것을….

성서에 '손자는 노인의 면류관이요, 아비는 자식의 영화니라'라는 구절이 있다. 부족함이 많은 내가 자식에게 지혜로운 부모가 되기는 틀렸지만, 손녀 조이스가 우리 집안을 빛내는 영예로운 동량으로 잘 자라기를 기도하는 마음이다.

석 달 동안 한국에 머물다가 다시 캐나다로 떠나는 아침이다. '생이별은 생초목에 불붙는 일'이라는 속담처럼 누군가 슬쩍 건드리기라도 하면 눈물이 뚝뚝 떨어질 것 같았다. 입을 앙다물고 손녀를 안고 억지웃음을 지었더니, "할미, 귀여워도 웃지 마." 하고 끝까지 앙탈을 부렸다. 할머니인 내가 저를 깊이 사랑한다는 것을 이미 알아버린 것이다.

「시월애」라는 아름다운 영화 속에는 세상에서 숨길 수 없는 세 가지가 있다는 명대사가 나온다. 가난과 기침과 사랑은 감출수록 더 드러나는 것들이라고 한다. 그중에서 '사랑'이 가장 숨기기 어려운 감정이 아닐까 생각해 본다. 그러기에 저 어린 손녀도 나의 사랑을 눈치채고 만 것이 아닌가. 그러므로 사랑받는 영혼은 늘 당당하다. 나의 손녀 조이스야! 네가 이 할머니와 헤어지는 것이 슬퍼서 울기라도 한다면, 내가 어찌 너를 보내랴. 다음에 만날 때에도 지금처럼 그렇게 외람되고 못되고 까칠하기를, 그리하여 이 할머니의 사랑을 조금도 의심하지 않기를 바란다.

엽서 한 장

엊그제 설거지를 하고 있는데 남편이 큰소리로 나를 불렀다. 무슨 일인가 싶어서 한달음에 달려가 보니 38년 전의 엽서 한 장을 건넸다. 중학교 때 담임 선생님이셨던 송찬구 선생님의 엽서였다. 귀하게 간직했던 엽서가 어느 틈엔가 앨범을 걸어 나와 책갈피 속에 들어가 있었다. 만년필로 쓴 엽서는 끝부분이 약간 번져 있기는 했으나 읽는 데는 별 지장이 없었다. 내가 그렇게도 닮고 싶어서 흉내를 냈던 선생님의 또박또박하고 독특한 글씨체가 선명하게 보존되어 있었다.

1980년대 중반으로 찍힌 우체국 소인을 보니 경남 함안의 시골에 살 때 주고받은 엽서였다. 그때 그 시절의 힘들었던 일들이 파노라마처럼 스치고 지나갔다. 내용을 보니 선생님께 넋두리 겸 하소연을 쏟아놓았던 것 같다.

하늘과도 같이 맑고, 안개가 어린 듯한 눈을 갖는 女人이기를, 택한 길에 절망하지 않고, 느리게 가는 시간도, 느리게 우는 개구리도 사랑할 줄 아는 女人이기를….

그런 위로와 격려가 담긴 글이었다. 송찬구 선생님은 내가 중학교 3학년 때, 우리 학교에 부임해 오셨다. 입학식 날, 주황색 투피스에 굵은 파마머리를 하고 있었는데 눈이 맑고 아름다웠다. 그때 나는 한창 사춘기 소녀로 질풍노도의 시기를 보내고 있었다. 어린 내가 보기에 세상이 다 모순투성이요, 어른들의 세계가 무척 부조리하게 느껴졌던 모양이다. 초등학교 고학년 때부터 닥치는 대로 읽은 『세계문학전집』의 영향인지 너무 이른 열병을 혼자서 끙끙대며 치르고 있었던 것이다. 그런 나를 눈여겨보시고 문학의 길로 이끈 분이 바로 송찬구 선생님이다.

어느 날 국어 시간에 선생님은 한국 시문학사의 신화적인 인물인 서정주 시인의 시집 한 권을 들고 오셨다. 시간이 많이 흘러서 제목은 생각나지 않는데, 수업이 끝날 즈음에 「무등을 보며」라는 시를 읽어주셨다. 그런데 그만 그 시가 나의 가슴에 화살이 되어 꽂힌 것이다. 교무실로 들어가시는 선생님께 시집을 빌린 나는 밤을 꼬박 새워서 필사했다. 그 일을 계기로 나는 선생님의 관심과 사랑을 받은 것 같다.

함께 통화를 하던 중에 선생님께서는 그때 있었던 이야기 한 토막을 꺼내셨다. "어느 날 네가 지각했는데, 앞문으로 당당하게 들어와서 인사도 없이 들어가더라고…. 그래서 내가 야단을 좀 쳤단다. 이른 아침에 그 먼 데서 버스를 타고 온다고 얼마나 고생이 많았겠어, 그걸 모르고 내가 그리 야단을 쳤으니….” 하시면서 말끝을 흐리셨다. 선생님은 사랑하는 제자의 치기 어린 행동을 고쳐주고 싶었던 것 같다. 그 말씀을 듣는 순간 나는 정말 낯이 뜨겁고 부끄러워서 쥐구멍에라도 들어가 숨고 싶은 심정이었다.

선생님은 그날의 미안함을 이토록 오랜 시간 동안 간직하고 계셨던 것이다. 그러나 나는 선생님의 달초(撻楚)를 기쁘게 받아들였던 것 같다. 좋아하는 선생님에게 사랑과 관심을 받고 싶은 욕심 때문에 그렇게 튀는 행동을 하고 만 것이었다.

그해 여름이었을 것이다. 선생님은 운동장의 은사시나무 아래에서 무슨 이야기 끝에 “선희는 나중에 멋진 작가가 되겠구나.”라고 격려해 주셨다. 나는 그 한마디에 망아지처럼 펄쩍펄쩍 뛰며 이미 작가가 되어버렸다. 그 순간 나는 온 세상이 다 내 것이 된 듯 행복했다. 드디어 나를 이해해 주는 내 편이 생겼다는 기쁨과 안도감 같은 감정이었을 것이다.

몇 년 전 고향에 갔다가 모교를 찾아갔는데, 은사시나무가 팔랑대던 운동장도 없어지고 그 자리에는 대단위 아파트 단지가 들어서고 있었다. 그때도 나는 선생님께 전화를 걸어서 섭섭함과 안타까움을 토로했던 것 같다.

그 후 선생님과의 인연은 끊어질 듯하다가도 어느 순간에 다시 이어지기를 반복했다. 내가 선택한 길에서 힘들어할 때도 선생님은 인생의 선배로서 조언을 아끼지 않으셨다. 이 땅에 교사는 많지만, 진정한 스승은 드문 세상이다. 나는 좋은 스승을 만난 것을 항상 감사하며 산다. 그러면서도 그 은혜에 보답하지 못하고 사는 것이 늘 죄스러울 뿐이다.

누렇게 변한 38년 전의 엽서를 다시 찬찬히 읽어본다. 나는 선생님의 소망처럼 '원숙하면서도 어리석고, 지혜로우면서도 밑질 줄 아는 여인'으로 살고 싶었다. 그러나 마음뿐 그렇게 살지는 못한 것 같다. 나도 이제 나이를 먹어서 외람되게도 선생님과 같이 늙어간다. 대전에 가면 선생님의 손을 잡고 함께 갔던 브람스 찻집에 다시 가보고 싶다.

행복을 주는 사람

철학자 버트런드 러셀은 '행복이란 다른 사람이 행복해하는 모습을 보기 위하여 자신을 바치는 것이다.'라고 했다. 몇 번을 곱씹어 보아도 의미심장한 말이다. 타인을 위하여 자신을 바치는 행위는 아름다운 희생이요, 숭고한 인간애다.

오늘 내가 만난 안경점 주인은 러셀의 『행복론』에 근접해 있는 사람이다. 그가 러셀을 좋아하는지 알 수는 없지만…. 하긴 그건 그다지 중요한 것이 못 된다. 안경을 잘 맞추기로 유명한 안경점을 수소문해 놓고 일 년이 넘도록 차일피일 미루었다. 얼마 전부터 노안의 증상인지 책을 읽으려고 펼치니 눈에 안개가 드리운 것처럼 흐릿했다.

요즘 나오는 책은 활자가 커서 그런대로 읽을 만하지만 오래전에 나온 고전을 읽으려고 하니 눈이 피로하고 머리까지 아픈 것 같았다. 아침 일찍 작심하고 안경점에 들렀다. 구릿빛의 피부를 가진 통통한 안경점 주인이 시력을 검사하고 난 후에 '가나 초콜릿'을 하나 건넸다. 평소에 단것을 좋아하지 않아서 정중하게 거절하니 꼭 하나만 먹어보란다. 무슨 까닭이 있는가 싶어서 받았다.

한동안 몸에 좋다고 난리가 났던 다크 초콜릿처럼 단맛이 강하지 않고 부드러운 초콜릿이었다. 우리나라 제과회사에서 만든 것이 아니라 아프리카 '가나'에서 만든 초콜릿이라고 한다. 주인은 일 년에 한 번씩 가난한 나라에 '돋보기나 보안경 보내기 운동'을 한다고 하는데 올해는 가나에 다녀왔다고 한다. '아하 그래서 얼굴이 저렇게 까무잡잡하게 그을린 것이구나' 하고 수긍이 갔다. 그 일을 삼십 년째나 하고 있다니…. 보통 정성이 아닌 듯했다. 아닌 게 아니라 안경점 곳곳에는 아프리카 사람들과 같이 찍은 사진이 걸려 있었다. 일 년에 삼만 개가 넘는 안경을 그 누구의 도움도 없이 혼자서 만들어 낸다는 것이 쉬운 일이 아니다.

어린 시절, 아버지마저 일찍 세상을 떠나고 홀어머니 밑에서 지독한 가난을 체험한 그에게는 꿈이 있었다고 한다. 어서 커서 자신처럼 어려운 사람들을 돕겠다는 포부였다. 나 혼자만 부자로 떵떵거리며 잘살아보겠다는 꿈이 아니라, 곤궁에 처한 사람들을 위해서 사는 것이 목표인 사람의 생애는 얼마나 드물고도 아름다운가.

안경점 주인은 시력이 좋지 않은 사람들에게 자신이 만든 안경을 전해주고 돌아올 때가 가장 행복하다고 했다. 나는 노안이라는 진단과 함께 하나의 렌즈로 원거리와 근거리도 함께 다 볼 수 있게 설계된 다초점 안경으로 맞추었다. 딴 세상에 온 듯 희미하던 글씨도 환하게 보였다. 광명 천지를 만난 듯 신기했다. 아프리카 가나에 사는 그들처럼 나도 밝고 투명한 세계가 열린 것이다. 나 역시도 남에게 무언가를 받을 때보다는 작은 것이라도 마음을 담아서 선물할 때가 더욱 행복하다. 받을 때는 나도 무언가 보답해야 할 텐데…. 하는 부담감이 살짝 드는 것도 사실이다.

우리 아파트에 근무하는 경비원 최 씨 아저씨는 언제 봐도 얼굴이 환하고 따뜻하다. 단 한 번도 찡그리는 모습을 본 적이 없으니, 타고난 천성인지 후천적인 수양의 결과인지 알 수가 없다. 대단위 아파트이다 보니 때때로 분쟁도 많고 시빗거리가 끊이지 않지만, 항상 예의 바르고 정중하다. 한번은 택배 물건을 찾으러 경비실에 갔더니, 내가 들기에는 꽤 무거운 책 상자였다. 아저씨는 바쁜 중에도 불구하고 물건을 어깨에 들쳐 메고 앞장을 섰다. 우리집 문 앞까지 옮겨 주고는 '수고하십시오.' 하고 인사하며 유쾌하게 사라졌다.

무언가 귀한 것이 생기면 먼저 생각나는 이웃이 바로 경비 아저씨이다. 나만 그런 것이 아니라, 우리 아들까지 아저씨를 챙기는 것을 보면, 누구에게나 공평하게 따스한 사람인 것 같아서 흐뭇해지기까지 한다. 그분 역시 마음씨 고운 안경사처럼 다른 사람에게 행복을 주는 사람이 아닌가 싶다.

일찍이 철학자 아리스토텔레스는 '행복은 쾌락이 아니라, 의미있는 삶에 따르는 부산물'이라고 말했다. 행복은 인간의 선한 행동으로 나타날 때, 더 큰 가치가 있다는 의미인 것 같다. 나같이 어리석은 사람은 평생 동안 행복의 신기루만 쫓다가 그 정체가 무엇인지도 모른 채 사라질까 봐 두렵다. 어느 책에서 보니 행복은 역설적이게도 그것을 쫓아가는 사람에게는 오지 않는다고 한다. 그도 그럴 것이 뒤에서만 계속 쫓아가는데 어찌 행복의 얼굴을 정면으로 마주할 수 있단 말인가. 탈무드에서 읽은 이야기가 생각난다. 사람이 죽고 난 후에 가장 오래도록 남는 것은 재산도, 가족도, 아닌 선행이라고 한다. 착한 행동은 사람들의 가슴속에 영원히 살아 있기 때문이다.

화동 아주머니

나는 어디를 가다가 꼬부랑길이 보이면 그냥 지나치지 못하고 멈추어 서는 버릇이 있다. 어릴 적 우리 동네에 자주 오던 화동 아주머니가 생각나기 때문이다. 생선 광주리 행상을 하던 아주머니는 노을이 미루나무에 걸리는 저녁 무렵이면, 우리집 사립문 앞에서 서성댔다. 머리에 이고 있던 광주리에는 곡식 자루가 상투 꼭지처럼 꼿꼿하게 서 있었다. 현금이 귀하던 시절이니 고등어, 간갈치, 동태 등의 생선을 팔고 돈 대신 받은 곡식이었다.

아주머니는 새벽 별을 보며 집을 나선다고 했다. 그래야만 읍내 시장에서 생선을 떼어 와서 이 집 저 집을 돌아다니며 팔 수 있었다. 우리집 앞의 작은 다리를 건너야만, 구불구불 굽이도는 꼬부랑 길 너머에 있는 '화동'이란 마을로 갈 수 있었다. 사람들은 꽃이 많이 피는 동네, 화동에 산다고 '화동 아주머니'라고 불렸다. 나는 한 번도 가 본 적이 없는 그 마을이 늘 궁금했다. 미지의 세계가 주는 동경이라고나 할까. 눈만 뜨면 보이는 산과 들판, 변하지 않는 풍경이 단조롭고 진력이 날만도 했다. 무더운 여름에는 비를 몰고 오는 먹장구름이 산란하게 꼬부랑 고개를 넘어갔다. 한차례의 소나기가 급하게 쏟아지고 나면, 곱디고운 무지개가 꼬부랑 고갯길에 부챗살처럼 피어났다. 굳이 구절양장 험한 길을 넘지 않아도 동구 밖에는 쭉 뻗은 신작로가 있었지만, 아주머니는 조금 빨리 질러갈 수 있는 꼬부랑길로 다녔다.

어느 날은 현물로 받은 곡식이 너무 무거워서 우리집에 맡기고 갔다가 그 이튿날 찾으러 오기도 했다. 그만큼 어머니와 단짝 동무처럼 자별하게 지냈다. 주로 생선을 팔러 다녔지만, 가끔씩 제철에 나는 과일을 이고 오기도 했다. 가을이나 겨울에는 사과, 늦봄에는 새콤달콤한 살구, 한여름에는 참외도 있었다. 참외의 향기가 얼마나 진한지 보따리를 풀기 전에 '아하 오늘은 참외를 가져오셨군, 혹시 어머니께서 개구리참외라도 한 개 사주려나.' 하는 기대감으로 밥을 잦히다 말고 빼꼼 얼굴을 내밀기도 했다. 그러나 그 기대는 번번이 무너졌다. 말없이 간 갈치 한 꾸러미를 뒤적거리는 어머니의 손끝이 그것을 말해주었다.

아버지는 군음식을 좋아하면 가난하게 산다고 금지했으니, 참외를 샀다가는 불호령이 떨어지기 십상이었다. 그런 내 마음을 어떻게 알았는지 아주머니는 상품이 안 되는 못난이 개똥참외

한두 개를 건네주기도 했다.

보리 바심이 끝난 여름에는 보리쌀을 주고 갈치를 샀다. 나무 됫박에 보리쌀을 담는 어머니의 손길은 늘 넉넉해서 옥신각신 언성이 높아졌다. 아주머니의 고달픈 생활을 잘 아는 어머니는 한 홉이라도 더 주려고 고집을 부렸고, 마음이 곧고 착한 아주머니는 덜 받으려고 우격다짐을 했다. 나는 부엌문이 열린 틈새로 그 광경을 흐뭇하게 지켜보았다. 진 사람도 이긴 사람도 없는 무승부의 다툼은 서로의 노고와 고단함을 다독여 주는 따스한 배려와 오랜 정이었을 것이다.

어머니는 밭둑에서 까칠까칠한 호박잎을 몇 장 따와서 갈치의 비늘을 벗겼다. 한 번만 쓰윽 문지르면, 은비늘이 걷히고 말간 살이 나왔다. 사랑채의 아궁이에는 참나무 잉걸덩이가 활활 타오르고 괄괄한 불기운이 꺾인 후에야, 반들반들한 고무래가 숯을 끄집어냈다. 검댕이 숯 사이로 빨간 불기운이 별똥처럼 깜박거렸다. '지지직' 소리를 내며 노릇노릇 구워낸 간 갈치의 맛은 담백하고 고소해서 입이 짧은 막냇동생도 마파람에 게눈 감추듯이 먹어치웠다. 아! 이제 어디 가서 그 간 갈치의 맛을 찾아볼 수 있을까. 애호박에 풋고추를 넣고 자작하게 끓인 갈치찌개는 자주 식탁에 올리지만, 석쇠에 구운 간 갈치 맛은 찾을 수가 없으니, 이제 영영 그리운 옛일이 되고 말았다.

아주머니는 장사꾼답지 않게 순박하고 무던하여 동네 사람들이 다 좋아했다. 고양이의 손도 빌린다는 바쁜 모내기철에 오일장에 맞추어 장을 보러 가는 일도 쉬운 일이 아니었다. 비린내 풍기는 생선 한 토막이라도 올려 구색을 갖춘 밥상을 차리고 싶은 아낙들에게 화동 아주머니는 늘 반가운 사람이었다.

먹을 것이라곤 푸성귀뿐인 벽촌 사람들은 아주머니가 나타나면 귀한 손님이라도 온 듯이 밭에서 일을 하다가 말고 부리나케 집으로 들어갔다. 대청마루에 생선 광주리를 내려놓고 찬물 한 바가지를 들고 벌컥벌컥 마시는 아주머니의 눈빛은 장사꾼답지 않게 선량해 보였다. 화동 아주머니가 다녀간 날에는 온 동네가 생선 굽는 냄새로 출렁거렸다. 부뚜막에 앉은 고양이는 그 비린내에 취해 눈을 말똥말똥 굴리며 부지런히 살강을 살폈다.

왕골 똬리를 머리에 얹은 후 더 무거워진 광주리를 머리에 이고 화동 아주머니가 길을 나섰다. 실팍한 등허리에 핏빛 노을이 지고 있었다. 짐을 하도 많이 이고 다녀서 더욱 튼튼해진 종아리의 푸른 정맥이 거칠게 꿈틀거렸다. 곡식의 무게에 짓눌려서 아주머니는 고꾸라질 듯 비척거리며 위태롭게 한 걸음씩 뗐다.

그때 나는 겨우 열두 살, 인생이 무엇인지 알 수 없는 나이였지만, '어쩌면 인생이란 저 광주리의 무게만큼 힘겨운 것이 아닐까' 하고 생각했다. 그리고 내가 이 나이에 이르도록 좌절하지 않고 견뎌온 것은, 그 길고 험한 꼬부랑길을 힘겹게 오르던 화동 아주머니의 뒷모습 때문인지도 모른다.

시인의 두 친구

오후에 반가운 전화를 받았다. 경남 고성에 사는 향토사학자 하기호 선생이었다. 올해 여든여섯 살, 작년 가을 특별한 인연으로 만나게 된 분이다. 살다 보면, 축복처럼 예상하지 못했던 좋은 사람들을 만나기도 한다. 행복한 일이 아닐 수 없다. 나는 지천명이 한참 지난 나이에 그동안 마음속에 품어온 학업의 끈을 다시 이었다. 과연 이 나이에 젊은 학생들을 따라갈 수 있을까, 하는 염려로 시작된 공부가 거의 끝이 나고 이제 마지막 관문인 논문 학기에 접어들었다. 지역문학을 위해 평생 한길을 가는 지도 교수님의 조언으로 경남 고성에서 태어나 십 대부터 시를 썼던 선정주 시조시인에게 마음이 잡혔다.

7년 전 세상을 떠난 선 시인은 뜻이 귀하면서도 올곧은 삶을 살아간 개신교 목사이자 계간 『현대시조』를 삼십여 년간 발행하고 수많은 시조시인을 발굴해 낸 분이다. 시인의 생애 연구를 하기 위해 가까운 가족이나 지인을 만나서 기초 자료를 구하는 일이 급선무였다. 그때 연결된 분이 바로 하기호 선생이다.

1950년 우리나라를 폐허로 만든 경인 전쟁 시기에 열대여섯 살이었던 소년들이 이제 초로의 노인이 되어 타임머신을 타고 과거의 한때를 추억하기 위하여 모였다. 그들은 다소 격앙된 목소리로 까까머리 중학생으로 돌아가 가슴속에 남아 있는 기억의 필름을 돌리기 시작했다. 고성도 전쟁의 포성을 피하기 어려웠다. 읍내까지 적의 공격으로 포위되자 대부분 사람이 남부여대하고 연고지가 있는 시골로 피난을 떠났다. 인천상륙작전이 성공하고 9.28 수복이 되자, 다시 하나둘 고향으로 돌아왔다.

전쟁의 공포를 목격한 소년들은 평화로운 세상에 대한 열망이 가득했다. 초가을 저녁, 친구 집에 모여 이야기를 나누던 소년들은 시 동인지를 발간하자는 데 뜻을 모았다. 동인지의 제호는 『닭 울음』으로 어두운 밤이 빨리 지나고 밝은 새 아침을 맞이하고 싶다는 염원을 담았다. '사회가 조용할 때보다 격동의 시기에 위대한 영웅이나 사상가가 나타나고 위대한 문학이나 예술도 격변하는 시대적 배경 속에서 태어난다.'는 말이 있다. 그 말에 비추어 보면, 이들의 창작열은 암울한 시대적 배경 속에서 움튼 매우 자연적인 발로가 아닐 수 없다. 무엇보다도 이 학생들의 활동이 주목을 끄는 이유는 이들 중 다수가 후일에 시조시인으로 성장하여 『고성문학』이라는 지역문학을 태동시키는 데 큰 역할을 했고 현대 시조사에도 굵직한 흔적을 남겼기 때문이다.

하기호 선생은 평생 교직에 몸을 담은 교육자이다. 은퇴 후에는 향토사학자로서 이십여 년 동안 작업한 『고성향토사 연구회』라는 책을 세상에 내놓을 정도로 지역의 역사와 문화에 깊은 애정을 가진 분이었다. 점심을 먹으며 선 시인에 대해 못다 한 일화를 자분자분 풀어놓았다. 어릴 적 홀어머니 밑에서 가난하게 살아온 일이며, 다리를 다쳤는데 돈이 없어서 생지황을 바르고 학교에 다녔다는 등 비교적 자세히 기억하고 있었다. 함께 온 구판옥 선생 역시 고성 예총에서 오랫동안 활동하고 있었다. 말수가 적은 그는 선약 때문에 일찍 자리를 떴는데 돌아오려는 찰나에 전화가 왔다. 2011년에 제막식을 가진 '남산 문학 동산'으로 안내하기 위하여 다시 돌아온 것이다.

그곳에는 고성 출신으로 등단 30년 이상인 작고 문인들의 시비가 세워져 있었는데 선정주 시인의 시 한 편이 빼곡히 적혀 있었다. 구판옥 선생은 친구의 얼굴을 만지듯이 오래오래 시비를 쓰다듬었다. 내려오다가 선 시인이 어린 시절 살았던 집에 들렀다. 그의 시 '고향'에서 적었듯 골목은 여전한데 집은 새로 지어졌고 낯선 주인 부부가 부지런히 통닭을 튀기고 있었다.

어렵사리 구한 동인지 『닭 울음』에는 선정주 시인과 두 친구의 시가 나란히 적혀 있었다. 세월의 더께를 입은 동인지는 만지면 금세 부스러질 듯 위태로웠다. 1951년 2월에 만들어진 창간호였다. 그동안 잘못 알려진 발행 연도를 바로 잡는 계기도 되었다. 반가운 마음에 전화를 하자, 하기호 선생은 감격하여 "세상에, 세상에나 아직도 그것이 있었다니, 그 귀한 것이…. 제 시도 있다고요? 한 번만 읽어주세요." 하여 무려 네 차례나 읽어주었다. 두 친구는 가끔 전화로 친구 시인에 관한 논문이 얼마만큼이나 진척이 되었는지 묻는다. 그리고 기회가 있을 때마다 가물거리는 기억들을 하나씩 불러내어 들려주는 수고를 마다하지 않는다.

험하고 가파른 근현대사를 몸으로 이겨내며 살아온 세대였기에 그 어떤 사람들보다 고통스러웠을 그들이다. 공교롭게도 삼년째 자리보전하고 누워계신 내 아버지와 동년배이다. 그래서 이렇게 마음이 한없이 기우는 것일까. 지팡이에 의지한 채 간신히 걸음을 떼던 하기호 선생의 모습이 순간순간 떠오른다. 불편한 몸으로 『고성 독립 운동사』를 개정증보판으로 발간했다며 한 권 보내주겠다고 한다. 고령의 나이에도 불구하고 자신의 관심 분야를 붙잡고 끝까지 고투하는 모습이 아름답다. 어느 자리에 있든 최선을 다하는 삶은 감동을 준다. 노익장을 과시하며 아직 현역으로 활동하는 시인의 두 친구가 오래오래 건강하기를 진심으로 빌고 빈다.

마지막 사진

늦잠을 잤다. 생각해 보니 내가 꼭 알퐁스 도데의 『마지막 수업』에 나오는 말썽꾼 소년 프란츠가 된 기분이었다. 시계를 보니 오전 아홉 시가 넘었고 손전화에는 큰오빠와 작은 오빠의 부재중 전화가 찍혀 있었다. 직감적으로 불길한 기분에 휩싸여서 허둥지둥 전화번호를 눌렀다. 어머니가 심장 박동이 멈췄고 심폐소생술은 하지 않기로 했다는 소식이었다. 너무 급작스러운 소식에 어안이 벙벙하여 믿기지 않았다.

어머니가 계신 경기도 안산에 가기 위해서 합성동 시외버스터미널로 갔다. 어깨에 붉은 띠를 두른 여자가 열광적으로 전도하고 있었다. "예수 천국, 우리 예수 믿고 천국 갑시다." 막무가내로 들고 있던 전도 용지를 앉아 있는 사람들의 무릎에 올려놓고 확신에 찬 목소리로 외쳤다. 나는 그때만큼 간절하게 천국을 사모한 적이 없었을 것이다. 눈물이 펑펑 쏟아져서 손수건을 눈에 꾹 눌러 붙였다.

고속도로에는 무수한 차들이 질서 정연하게 달리고 승객들은 유튜브를 보며 시시덕거렸고 몇은 꾸벅꾸벅 졸았다. 숨이 막힐 듯이 갑갑해서 물 한 모금을 마시는데 작은 오빠한테 문자가 왔다. 어머니의 영정사진을 만들어야 하는데 사진이 없으니 한 장 보내 달라는 메시지였다. 손전화에 있는 사진을 아무리 뒤적여도 마땅한 사진이 없었다. 손주들이 재롱을 부리는 사진, 이름난 산의 정상석에서 잔뜩 폼을 잡고 찍은 사진, 계절마다 잊지 않고 피어나는 꽃들의 자태 등 사진이 많은데 어머니의 독사진이 없었다. 그래서 지난여름에 요양원에 갔을 때 어머니와 함께 찍은 마지막 사진을 전송했다.

40대 젊은 시절에 부모님은 미리 영정사진을 만들었다. 사진을 찍어 둔 게 아니라 떠돌이 화가한테 그림으로 그린 형상, 즉 화상(畫像)이었다. 어딘가 모르게 어색해서 딴사람 같았다. 너무 이른 나이에 만들어진 사진을 보고 우리는 무섭다고 소리쳤다. 그 후, 사진은 벽장과 장롱 속에서 굴러다니다가 어디로 갔는지 아예 사라지고 말았다.

다섯 시간이 지나서야 장례식장에 도착했다. 출입구에 연한 분홍색 한복을 입은 어머니의 영정사진이 환하게 웃으면서 나를 반겼다. 내가 보낸 사진으로 만들었다고 했다. 그 사진 속에서는 내가 어머니의 팔을 잡고 있었는데 혼자 있는 모습으로 변해 있었고 턱에 걸치고 있던 마스크도 사라지고 없었다. 남편은 지금껏 본 장모님의 얼굴 중 가장 아름다운 모습이라고 몇 번을 치하했다. 벌써 빈소가 꾸며지고 조문객들이 하나둘 오가고 있었다. 어머니는 평소 좋아하던 국화꽃과 붉은 장미로 만든 십자가 속에 파묻혀 있었다.

입관식에서 본 어머니는 세상의 근심과 고통을 다 내려놓은 평안한 모습이었다. 굽은 허리를 반듯하게 펴고 두 눈을 꼭 감고 계셨다. 가지런한 눈썹이 마치 잠든 모습과 똑같아서 금세 자리를 툭 털고 일어날 것만 같았다. 다만 귀 양쪽이 멍든 것처럼 시퍼렇게 변해 있었다. 작고 가냘픈 어깨가 얼음장처럼 차가웠다. 철학자 하이데거의 표현대로 인간은 결국 '죽음으로 향하는 존재로구나.' 하는 생각이 들었다. 우리의 실존 안에 들어와 있다는 죽음의 확실성이 뼈아프게 다가왔다.

약속 시간보다 일찍 화장장에 도착한 우리는 어머니를 운구차에 놓고 밥을 먹으러 지하 식당으로 갔다. 오늘의 메뉴는 동태찌개였다. 나는 메뉴판에 적힌 가격표가 너무 비싸다고 소설 『이방인』에 나오는 뫼르소처럼 투덜거렸다. 만약 알뜰하고 검소한 어머니가 이 자리에 계셨다면, "아이구야, 천하에 도둑놈이구나." 하시면서 혀를 내두를 것이 분명했다. 어머니의 목소리가 그리워지기 시작했다. 이제 어머니의 손도 얼굴도 매만질 수 없다는 사실이 믿어지지 않았다.

잠시 후에 어머니는 혼자서 불구덩이 속으로 들어갔다. 살아생전 어머니는 “내가 죽거든 내 고향 팔봉산 아래 친정 부모님 옆에 묻어줘, 느 오라비들이 날 불구덩이 속에 넣거든 안 된다고 해라잉, 나는 뜨거운 게 싫어 무서워.” 하고 어린아이처럼 몇 번을 반복해서 부탁하셨다. 그러나 세월을 쫓아 나는 어머니의 소원을 들어 드리지 못해서 더욱 죄송하고 마음이 아팠다. 외손자가 영정사진을 들고 어머니가 자주 드나들었던 텃밭과 외양간, 그리고 장독대가 있던 자리를 지나서 선산으로 올라갔다. 그리고 아버지의 무덤 옆에 구덩이를 파고 분골함을 묻었다. 삶과 죽음, 피안(彼岸)과 차안(此岸)의 경계가 선명하게 그어졌다. 어떤 이는 술잔을 올리며 절을 했고 우리는 예배를 드렸다. 힘들고 고단한 삶을 살아온 어머니에게 새 하늘과 새 땅이 준비되어 있다는 사실이 그저 고맙고 눈물겨웠다.

영정사진은 불에 태우지 않고 어머니를 가장 많이 닮은 여동생이 가져가기로 했다. 살아 계신 동안 여동생은 온갖 정성을 다해서 어머니를 섬겼다. 말년에는 집 근처 요양원에 어머니를 모시고 정성껏 보살펴 드렸다. 어머니께서도 동생의 아낌없는 사랑에 감복하셨을 것이다.

우리는 어머니가 평생 한 번도 떠나지 않았던 고향 집에 돌아와서 상복을 벗고 평상복으로 갈아입었다. 큰오빠는 이제 고아가

된 동생들을 위해서 호박고구마를 한 상자씩 사주었다. 나는 식구가 많아서 두 상자를 받았다. 돌아오면서 나는 손전화에 담아 온 어머니의 마지막 사진을 보고 또 보았다. 남편 말대로 내가 지금껏 본 얼굴 중에서 가장 밝고 아름다운 모습이었다.

생명에 대한 외경과 사랑, 깊은 인간애

오경자
(수필가, 문학평론가, 국제PEN한국본부 부이사장)

수필은 자신의 체험을 주 글감으로 쓰는 글이어서 작가의 인생관이 흠뻑 녹아 있을 수밖에 없는 글이다. 사람이 살면서 겪는 한없이 많은 일을 어찌 다 쓸 수 있겠는가, 자연히 자신의 눈에 들어오는 것 중에서 기억에 남는 것, 인상 깊었던 것들을 중심으로 써가기 마련이다. 그러다 보니 자연적으로 수필은 작가의 관심사와 가치관, 소신 등이 큰 기둥을 이루며 크고 작은 이야기들 속에 주제를 담아내는 압축된 글이다.

이런 특성으로 해서 수필은 자칫 이야기의 전개나 있었던 일들의 기록 같은 수준에 머물기 쉬운 함정을 갖고 있다. 수필가 정선희는 관심의 범위가 매우 넓어 우리가 살아가는 삶의 영역 전체를 가볍게 넘나드는 글을 쓰고 있는 작가다. 회고를 가져오

되 그 당시의 상황 나열에 천착하지 않아 신선한 느낌을 주어 독자를 적당히 긴장시킨다.

정선희는 「책을 내며」라는 서문에서 어린 시절 미루나무 끝에 걸린 붉은 노을을 보면서 공연히 서럽고 눈물이 났으며 그때는 이 세상 어디에서나 저렇게 아름다운 노을을 마음껏 볼 수 있을 줄 알았다고 회고한다. 세상은 그렇지가 않더라는 말이 행간에 숨어 은유적 표현의 맛을 살려내고 있다.

> 생명 있는 모든 것들은 사라진다. 우리에게 가장 확실한 것은 모두 소멸한다는 사실이다. 그래도 작가는 글을 써야 한다. 조금 더 오래 기억하기 위하여, 망각을 되살리기 위해서 계속 써 내려갈 것이다. 서툴고 못난 글에 부끄러움을 담아서 윗목에 조심스럽게 밀어 놓는다.

자신이 이 책을 엮어내는 심경을 낮은 목소리로 읊조리고 있다.

그의 말대로 언젠가는 다 사라질 모든 생명 있는 것들을 그는 사랑한다. 그리고 감사한다. 그 안에 자신이 살아 있음에 감사하고 누림에 감사하고 능력 받았음에 감사한다. 그의 수필 세계는 드러내지 않고 있지만 깊은 신앙심에 그 연유를 두고 있는 것으로 해석할 수 있다. 그 깊음을 오히려 묵시적으로 온 작품에 담고 있음을 느끼게 하는 매력을 지니고 있다. 그 표출이 살아 있는 모든 것들에 대한 폭넓은 관심과 애정이고 긍정의 눈으로 보게 한다.

수필은 짧은 글이고 체험이라고 하는 사실적인 일을 주된 글감으로 하다 보니 문장이 매우 중요한 역할을 하게 되는 문학 장르이다. 수필의 문장은 간결하면서 담백할수록 좋다. 게다가 짧은 글 속에 많은 내용을 담으려니 비유가 아주 중요한 덕목이 되기도 한다. 이 비유가 쉬운 것 같으면서도 매우 어렵다는 것은 수필을 많이 쓰면 쓸수록 절감하게 되고 수필을 많이 읽은 독자일수록 그 감흥에 젖는 기쁨을 안다.

정선희는 비유의 귀재라 할 만큼 그의 문장은 수식어 대신 비유가 등장하는 문장이 열거하기 힘들 정도로 많다. 대종을 이룬다, 하겠다. 예를 들면 '부드러운 살결이 아니라 마치 갓난아기의 볼살처럼'이라는 문장을 생각하면 된다. 또한, 정선희는 수필이 갖는 특성 중에 정확한 정보를 주는 점을 잊지 않고 있다. 세상사 그 많은 상황을 필요한 경우는 빼지 않고 정확한 정보를 갖추어 넣는 일을 게을리하지 않아 알찬 내용으로 독자에게 마음껏 독서의 기쁨을 안겨주는 데 성공하고 있다.

그의 글감의 세계는 앞서 말한 대로 살아있는 것들에 대한 애정 어린 관심에서 출발하고 그것으로 가득하다. 그 속에서 살아 볼 만한 것이 인생임을 기쁘게 이끌어 내는 것이 그의 수필 세계다. 표현기법은 솔직히 쓰되 적나라하게 나열하는 것이 아니라 소중한 것일수록 은유적으로 표현하는 문장력을 지니고 있다.

수필의 매력은 풍자와 해학이다. 정선희는 그의 수필에 거의 전부이다시피 이 해학과 풍자를 스스럼없이 바탕에 깔고 있을 정도로 자연스럽게 구사하는 재주를 지니고 있다. 그의 수필 「그래프와 풍경화」는 초등학교 시절 육성회비 미납 학생으로 수업 시간에 집으로 쫓겨가서 돈을 가져오는 이야기다. 놀란 어머니가 이웃집에 가서 급전을 돌려다가 손에 쥐어 준다. 그것을 들고 학교로 가던 정선희라는 어린아이는 문방구에 들러 육성회비 전액 육백 원을 모조리 1원짜리 동전으로 바꿔서 선생님께 가져간다. 그것을 다 쏟아놓는 아이와 쳐다보는 선생님의 모습 뒤에 자세한 이야기는 행간에 숨어 있고 골탕 먹이겠다는 천진한 아이의 마음과 처연한 스승의 제자 사랑이 독자에게 읽히는 기막힌 대목이다. 그날 이후 육성회비 납부 그래프가 교실 벽면에서 사라졌다는 작가의 회고 속에 그런 일련의 일들이 비교육적인 일 아니냐는 강한 고발의식을 담은 글이라고 보인다. 그런 옳고 그른 일에 대한 생각을 소신껏 담고 있는 어린아이의 심정을 솔직하게 담고 골탕 먹이고 싶었다는 꼬마의 작은 복수심(?)이 독자의 가슴에 웃음을 선사하는 해학의 극치를 보여주는 작품이다.

나는 흙먼지가 펄펄 이는 신작로를 걸어오는 내내 어떤 방법으로 선생님을 골탕 먹일 수 있을까, 하고 고심했다. 학교에 거의 다 도착할 무렵 기발한 아이디어가 떠올랐다. 그래서 학교 앞 문방구에 들어가 육성회비 육백 원을 죄 다 일원 짜리 동전으로 바꾸었다. 유난히 얼굴이 하얀 문방구 주인 남 씨 아저씨는 나의 행동이 의아했는지 "이걸 다 일 원짜리로 바꾸어 달라는 말이냐?" 하고 미심쩍은 눈초리로 고개를 갸웃거리며 재차 물었다. 나의 결심은 확고부동했다. 짤랑거리는 동전 뭉치를 들고 나는 노크도 없이 교무실 문을 벌컥 열고 선생님의 책상을 찾았다. 무언가 바쁘게 잡무를 보던 선생님은 돈 꾸러미를 들고 파리해진 얼굴로 자초지종을 물었으나, 나는 입을 꼭 다문 채 교실로 돌아왔다.

이튿날 학교에 가서 환경미화 게시판을 보니 한눈에 볼 수 있도록 붉게 올라가던 육성회비 그래프가 사라지고 없었다. 그 자리에는 지난주 미술 시간에 친구들이 그린 풍경화 몇 점이 붙어있었다. 끝도 없이 펼쳐진 미루나무 숲의 정경이었다. 나와 눈이 마주칠 때마다 선생님은 살짝 미소를 지으셨고, 나는 제 발 저린 도둑처럼 고개를 숙이며 그 자리를 급하게 떴다. -「그래프와 풍경화」 중에서

문장의 솔직성과 해학이 돋보이는 작품이다.

수필은 긴 글이 아니어서 산문이지만 시 못지않은 응축을 요하기도 하고 세심한 농축이 없이는 좋은 수필이 빚어지기 힘들다. 그 첩경이 문장을 씀에 있어 묘사의 중요성이 어느 글보다 강조되는 면이 있다. 정선희의 수필은 묘사가 서정적이고 사경적(寫景的) 표현이 잘 되어 있다. 그의 수필 「설(雪)골」은 '오랜만에 고향에 다녀왔다'로 시작해서 옛 고향의 추억을 이야기한다.

아버지의 스승이신 훈장님이 설골이라는 곳에 외롭게 사시는데 그곳에 어머니가 설 음식을 광주리에 담아 이고 눈길을 조심스럽게 가던 일, 그 뒤를 졸졸 따라가던 추억 등을 통해 사제간의 도리와 정, 부모님에 대한 애잔한 그리움을 잘 담아내고 있는 수작이다. 그 표현에 있어 사경적 표현이 일품이다.

넘어질 듯 휘청거리며 집에 돌아오는 길은 그새 내린 폭설 때문에 갑절이나 늦어졌다. 대숲에서는 산 꿩이 외마디 소리를 지르며 솟아오르고 탐스러운 함박눈이 끝도 없이 내리고 있었다. 한참을 걷다가 뒤를 돌아보면 쓰러져 가던 오두막은 눈 속에 갇혀서 크리스마스 카드에 나오는 은빛의 설원으로 변해 있었다. -「설골」 중에서

정선희는 자연 사랑의 수필을 많이 쓰는 작가이다. 뒷산에 올랐다가 피어난 동백꽃을 보고 어릴 때 동동주를 담던 어머니를 생각하는 사모의 글을 쓴다. 그 바닥에 동백꽃이 자리를 펴고 자연 사랑을 노래하는 솜씨는 자연 예찬의 극치라 할 만하다. 동백꽃과 동동주와 아버지를 향한 어머니의 사랑이 밑에 깔리고 할머니와 백구까지 등장하는 모든 구성원의 면모를 잘 짜 맞춘 구성이 돋보이는 작품이다. 그 결말은 동백 찬가로 손색이 없다.

> 흰 닭 뼈 같은 나목들이 서 있는 겨울 들녘에 황홀하고 은은하게 피어난 동백꽃을 보니 가슴이 소녀처럼 일렁거린다. '아아! 첫눈은 언제 오려나. 하늘에서 백설이라도 내려 준다면….' 저 붉디붉은 가슴에 고이 내려 쌓이는 모습을 보고 싶다. -「동백꽃 단상」 중에서

수필은 주제가 생명이라 할 만큼 중요하다. 정선희는 수필의 뼈라고 할 수 있는 주제가 확실한 수필을 쓰는 작가이다. 그의 수필 「꼬마 스승」은 집에 책이 많던 친구에게서 충분히 많은 책을 빌려 보는 이야기와 그 속에서 이루어지는 자기 성장의 어린 시절을 솔직하게 써 내려간다. 담임 선생님에게 받은 책을 촛불 밑에서 읽다가 그만 화마에 휩쓸려 책을 잃는 슬픔을 차분하게 그려내고 있다. 그 시대의 잘못된 아버지의 딸 사랑의 한 단면도 보여 주면서 그 글 속에서 친구에 대한 고마운 마음을 우정이라는 주제로 잘 형상화하고 있다.

아버지는 여자가 공부를 많이 하면 팔자가 사납다고 책 읽는 것을 달가워하지 않으셨다. 어느 겨울, 문풍지가 바람에 떨리며 이상한 울음소리를 내던 날이었다. 전깃불 대신 촛불을 켜놓고 도둑 책을 읽다가 까무룩 잠든 사이 화마가 온 방을 휩쓸어 갔다. 오물이라도 묻을까 봐 애지중지하던 그 책도 그때 자취도 없이 사라지고 말았다. 지금이야 책을 쌓아 놓고 보지만, 그때는 아이고 땜을 놓고 통곡할 만큼 애절한 일이었다. 고등학교 졸업 후 한 번도 만나지 못한 친구, 그녀를 만나면 융숭하게 밥 한 그릇 대접하고 싶다. 내 어린 날, 책을 빌려주고 혹독한 글쓰기 훈련을 시켜준 나의 꼬마 스승에게 말이다.

-「꼬마 스승」 중에서

정선희는 세상사에 대한 시민의식적 차원의 관찰을 섬세하게 그려내는 작가이다. 그의 수필에는 사람이 그렇게 살아서는 안 될 것 같으면 그 점을 예리하게 집어내서 은유적으로 그려내는 작품이 많다. 「오늘 잡은 소」라는 수필은 제목만 보면 소 이야기인 것 같은데 엉뚱하게도 고기와 야채를 파는 가게 이름이다.

인간사의 희비와 세태의 한 단면을 그려내며 삶의 진수를 생각하게 하는 수필이다. 일상의 한 가게의 부침을 통해 정선희는 많은 이야기를 주제로 압축해서 독자의 마음에 비수처럼 꽂히는데 성공했다.

싱싱야채가게의 유리창에는 "인내는 쓰다. 그러나 그 열매는 달다"라고 쓰인, 오래된 격언이 나붙고 사람들은 아무렇지도 않다는 듯 차양막 안에서 사과를 고르고 고등어를 샀다.

나도 몇 날을 버텼지만, 마트까지 나가는 일이 힘들어서 그곳에서

야채와 과일을 샀다. 새로 생긴 가게는 마음껏 가져가도 된다는 콩나물 단지 같은 것은 없었다.

덤을 주기 위해서 자신의 손해를 감수하며 번민했을 정육점 주인의 분투가 눈물겹게 다가온다. 그 옆을 지날 때마다 "누나야, 오늘 생미역 참 싸다, 사가라." 하고 소리치던 정육점 주인의 걸걸한 목소리가 들리는 것만 같다. -「오늘 잡은 소」 중에서

누구에게나처럼 정선희에게도 역시 어머니는 그저 눈물이다. 아버지에 대한 사랑의 글도 많고 어머니의 회고가 바탕을 이룬 수필이 셀 수 없이 많지만 「마지막 사진」은 어머니를 떠나보내는 슬픔을 담담하게 쓰고 있는 격조 있는 수필이다. 신앙심과 어머니를 그리는 애틋함과 생이라는 것에 대한 묘한 끌림과 커다란 질서에 대한 인간의 한계 등 여러 이야기를 담담하게 그려내면서 지극한 애정표현 속에 진한 그리움과 연민을 주제로 담고 있다.

영정사진은 불에 태우지 않고 어머니를 가장 많이 닮은 여동생이 가져가기로 했다. 살아 계신 동안 여동생은 온갖 정성을 다해서 어머니를 섬겼다. 말년에는 집 근처 요양원에 어머니를 모시고 정성껏 보살펴 드렸다. 어머니께서도 동생의 아낌없는 사랑에 감복하셨을 것이다.

우리는 어머니가 평생 한 번도 떠나지 않았던 고향 집에 돌아와서 상복을 벗고 평상복으로 갈아입었다. 큰오빠는 이제 고아가 된 동생들을 위해서 호박고구마를 한 상자씩 사주었다. 나는 식구가 많아서 두 상자를 받았다. 돌아오면서 나는 손전화에 담아온 어머니의 마지막 사진을 보고 또 보았다. 남편 말대로 내가 지금껏 본 얼굴 중에서 가장 밝고 아름다운 모습이었다. -「마지막 사진」 중에서

아버지에 대한 사랑은 어머니 못지않게 가슴 뭉클하게 하는 글감이다. 정선희는 수필 「식구」에서 지난날의 부모님의 삶 한 자락을 추억하며 아버지에 대한 진한 사랑을 그려내며 딸의 사랑을 주제로 형상화 시킴으로 수필의 진수가 어떤 것인지 담담하게 보여주고 있다.

> 팔순이 넘은 아버지는 이제 정신이 가물가물하고 가끔은 어린아이가 된다. “사탕이 먹고 싶어 한 알 줘 봐, 얘야 오줌 좀 누여다오.” 하고 몸을 맡긴다. 성서에도 우리가 어린아이가 되지 않으면 하느님의 나라를 볼 수 없다고 했다. 아버지는 점점 어린아이처럼 맑은 영혼이 되어가고 있다. 셈도 모르고 화내는 것도 잊었다. 그런 아버지가 좋다. 내가 아버지의 딸로 무언가 해드릴 수 있다는 것이 그저 감사해서 코가 찡하고 목이 멘다. –「식구」 중에서

「앵두에 대한 추억」도 어머님에 대한 사랑을 진하게 표현하고 있는 글이다. 어린 시절 고향을 회상하며 그려내는 수채화 같은 수필이다.

이웃사랑, 사회문제, 다문화 사회의 문제 등 다양한 관심사의 수필이 많지만 「늙음에 관하여」라는 수필은 그의 신앙과 소신, 그리고 삶에 대한 그만의 해석을 담은 고령화 시대에 던지는 진솔한 화두라 할 만한 수필이다.

> 우리는 누구나 늙는다. 늙음이 인생의 한 시기이고 과정이라면 좀 더 품위 있게 늙는 방법은 없을까. 나이가 많다고 해서 젊은이에게 무례하게 행동해도 된다는 법은 없다. 버스에 올라타자마자 자리를

양보하라고 요구하는 노인의 모습을 심심찮게 보게 된다. 길어진 노년을 맞이한 우리는 내 욕망과 입장만 고수하려는 독선과 아집에서 벗어나 열린 의식으로 세상과 소통해야 한다. 어떻게 하면 이웃과 함께 조화롭게 살 수 있는지를 고민하는 내적 성숙이 필요하다. 어지러운 이 시대에 사표(師表)가 될 만한 어른들은 어디에 있을까. 지혜롭고 너그러운 영혼의 온기를 가진 사람들을 만나고 싶다. 그런 사람은 육신은 낡았으나 영혼이 꽃처럼 피어나는 청춘의 사람이다.

-「늙음에 관하여」 중에서

정선희의 수필은 주제가 선명하고 깊이를 갖고 있다. 삶을 폭넓게 그리고 있으며 긍정적인 신앙심 위에 수필 세계를 구축하고 있는 작가라 할 수 있다. 세상만사를 다 이야기하고 있는 것 같지만 짜임새 있는 구성이 그의 수필을 아기자기하게 만든다. 그리고 수필의 묘미를 살리는 것은 그의 은유와 비유를 동반한 탁월한 문장력이다. 거기에 해박한 지식과 정보는 그의 수필을 더욱 탄탄하게 한다.

삶이 어떤 것인지를 생각하게 하는 수필가 정선희의 글을 읽다 보면 자신도 모르게 책 속으로 빠져들어 간다. 세상을 긍정으로 바라보고 싶은 분들에게 일독을 권하는 바이다.

노을이 있던 자리

1쇄 인쇄 2024년 6월 10일
1쇄 발행 2024년 6월 15일

지은이 정선희

발행인 강병욱
발행처 도서출판 교음사

03147 서울 종로구 삼일대로 457 수운회관 1308호
Tel (02) 737-7081, 739-7879(Fax)
e-mail : gyoeum@daum.net
등록 / 제2007-000052호

* 잘못된 책은 바꿔 드립니다. 값 13,000원

ISBN 978-89-7814-986-0 03810

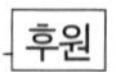

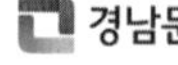

- 이 도서는 경남문화예술진흥원으로부터 기금 일부를 지원받아 제작되었습니다.